COMMISSION DU GRISOU

RAPPORT

SUR LA

RÉGLEMENTATION DE L'EXPLOITATION

DANS LES

MINES A GRISOU

PAR

M. DU SOUICH

Inspecteur général des Mines.

Extrait des Annales des Mines, livraison de Mars-Avril 1881.

PARIS

DUNOD, ÉDITEUR

LIBRAIRE DES CORPS NATIONAUX DES PONTS ET CHAUSSÉES, DES MINES
ET DES TÉLÉGRAPHES

Quai des Augustins, n° 49

1881

COMMISSION DU GRISOU

RAPPORT

SUR LA

RÉGLEMENTATION DE L'EXPLOITATION

DANS LES

MINES A GRISOU

PAR

M. DU SOUICH

Inspecteur général des Mines.

Extrait des Annales des Mines, livraison de Mars-Avril 1881.

PARIS

DUNOD, ÉDITEUR

LIBRAIRE DES CORPS NATIONAUX DES PONTS ET CHAUSSÉES, DES MINES
ET DES TÉLÉGRAPHES

Quai des Augustins, n° 49

1881

PARIS. — IMPRIMERIE ARNOUS DE RIVIÈRE, RUE RACINE, 26.

COMMISSION DU GRISOU.

Rapport de M. DU SOUICH, *inspecteur général des mines, sur la réglementation de l'exploitation dans les mines à grisou (*).*

Depuis longtemps déjà, on a reconnu partout la nécessité de réglementer les mines au point de vue de la sûreté, et l'on peut citer nombre de dispositions législatives ou administratives intervenues dans ce but en France et à l'étranger, principalement dans ces dernières années. Cette nécessité s'est fait sentir en effet de plus en plus, à mesure que l'exploitation s'est développée et, en Angleterre en particulier, on est frappé de l'évolution qui s'est produite sous ce rapport ; à une liberté presque illimitée a succédé une réglementation de plus en plus minutieuse et sévère.

Les règlements édictés dans les divers pays comprennent généralement toutes les mesures de sûreté que comporte le travail des mines, et parmi ces mesures se distinguent, pour les houillères, celles qui concernent le grisou. Ces dernières, quelquefois comprises avec les autres dans un seul et même règlement, y forment souvent un chapitre spécial ; d'autres fois, elles constituent des règlements tout à fait distincts.

Les actes législatifs ou administratifs n'énoncent, d'un autre côté, le plus souvent que des prescriptions générales sommaires et prévoient des règlements particuliers à chaque exploitation, des règlements intérieurs, pour le développement de ces prescriptions. Ces règlements intérieurs peuvent, en effet, seuls bien comporter tous les détails que demande l'énonciation des précautions à observer et tracer les devoirs des diverses catégories d'agents et d'ouvriers, tandis que les règlements administratifs s'adressent plutôt aux propriétaires des mines. Approuvés par l'autorité administrative, ils acquièrent, d'ailleurs, la même sanction pénale que les règlements émanés de cette autorité.

Nous parcourrons ici successivement les dispositions adoptées en Angleterre, en Belgique, en Allemagne et en France, en nous occupant spécialement des prescriptions relatives au grisou, et en

---

(*) Rapport fait à la commission du grisou en 1879.

nous bornant au dernier état des règlements. Cet examen comparatif permettra, avec les observations et résolutions, de la Commission du grisou, d'apprécier les mesures que pourrait demander le régime français pour être complété.

DISPOSITIONS DES RÈGLEMENTS

ACTUELLEMENT EN VIGUEUR
EN DIVERS PAYS ÉTRANGERS ET EN FRANCE.

RÉGIME ANGLAIS.

LOI ANGLAISE DU 10 AOUT 1872.

La dernière loi anglaise, du 10 août 1872, sur la réglementation des mines de houille(*) formule d'une manière générale les mesures de précautions à prendre dans l'exploitation pour la sûreté des ouvriers. Ces mesures, uniformément imposées à toutes les mines, sont énumérées dans une partie de cette loi portant le titre : *Règlements*, sous un article unique (art. 51) intitulé : *Règlement général*. Toutes les précautions dont l'expérience a montré l'utilité forment une série de paragraphes rédigés avec les développements habituels aux lois anglaises, et un article suivant (art. 52) prévoit l'établissement, dans chaque mine, d'un règlement destiné à servir de guide aux personnes qui ont part à la direction de l'exploitation ou qui y sont employées.

Ces règlements particuliers, étudiés par le propriétaire, gérant ou directeur de la mine, sont communiqués à l'inspecteur de la circonscription pour être soumis à l'approbation du secrétaire d'État, après affichage de 15 jours au moins, de façon à être portés à la connaissance des personnes employées dans la mine.

S'il n'y a pas d'opposition de la part du secrétaire d'État, ils entrent en vigueur dans le délai de 40 jours, à dater du moment où

(*) Volume de 1873, p. 11.

ils ont été reçus par l'inspecteur. Le secrétaire d'État peut demander des additions, retranchements ou autres modifications. Si le propriétaire, gérant ou directeur de la mine les accepte, ils sont introduits dans le règlement; dans le cas contraire, la question est soumise à un arbitrage dans la forme prévue par la même loi, et c'est le règlement arrêté par la décision des arbitres qui est mis en vigueur. Dans tous les cas, les règlements définitivement adoptés sont affichés sur la mine. Des infractions à leurs dispositions sont réputées infractions à la loi elle-même. Les règlements particuliers sont, d'ailleurs, sujets à revision sur la proposition des intéressés, ou sur celle du secrétaire d'État. Cette revision est soumise aux mêmes formalités que l'établissement des règlements primitifs.

RÈGLEMENT GÉNÉRAL PORTÉ DANS L'ARTICLE 51 DE LA LOI ANGLAISE.

Le règlement général édicté par la loi, dans son article 51, est divisé en paragraphes, où sont traités successivement les divers objets qui intéressent la sûreté. Nous citerons ici ceux qui se rapportent en totalité ou en partie au danger du grisou.

L'aérage doit être suffisant pour diluer les gaz nuisibles et les rendre inoffensifs, de telle sorte que tous les ouvrages souterrains soient dans l'état voulu pour qu'on puisse y travailler et y circuler (§ 1).

Chaque quartier de la mine doit, avant tout travail, être l'objet d'une visite minutieuse faite au commencement de chaque poste, si la présence du grisou a été constatée dans les douze mois précédents; une fois par 24 heures dans le cas contraire (§§ 2 et 3).

Il doit être désigné, à l'entrée de chaque quartier, des points d'arrêt que les ouvriers ne peuvent dépasser qu'après la visite (§ 5).

Les entrées des vides abandonnés doivent être barrées (§ 4).

Si un quartier devient dangereux, les ouvriers en sont retirés et l'on ne doit y rentrer qu'après une visite constatant que le danger a disparu (§ 6).

L'emploi des lampes de sûreté est obligatoire dans le voisinage des amas de grisou. Toutes les fois que ces lampes sont imposées par la loi ou par les règlements particuliers, elles doivent être fermées à clef et surveillées par un lampiste spécial. Les ouvriers ne peuvent avoir en leur possession ni clef ni allumettes, etc. (§ 7).

Le § 8, ayant pour titre : poudres et coups de mine, énonce les précautions ordinaires à prendre dans le tirage. Pour les mines à grisou, le tirage n'est toléré que sous certaines conditions spécifiées dans ce paragraphe (*).

D'après le § 26, sur toute mine à grisou un baromètre et un thermomètre doivent être placés dans un endroit apparent.

Les §§ 27 et 28 interdisent la destruction totale ou partielle des moyens et appareils de sûreté énumérés dans l'article 51, et prescrivent l'obéissance aux ordres donnés dans l'intérêt de la sécurité, etc.

Le § 30, par une disposition toute nouvelle, autorise les ouvriers à déléguer deux d'entre eux pour faire, à leurs frais, une fois par mois, une visite s'étendant à toutes les parties de la mine. Les exploitants sont tenus de donner à ces délégués toutes facilités pour ces visites.

Aux termes du § 31, chacune des visites prévues par l'article 51 doit être constatée par un rapport revêtu de la signature de ceux qui l'ont faite. Ces rapports sont inscrits, suivant l'objet des visites, dans des registres spéciaux, qui sont communiqués à l'inspecteur, à toute réquisition.

On peut remarquer qu'aucune disposition du règlement ne fait

(*) Une partie des prescriptions énoncées dans ce paragraphe se rapportent au tirage à la poudre en général; pour ce qui concerne particulièrement les mines à grisou, on remarque les dispositions suivantes :

*) Les matières susdites (poudre et toute autre matière explosible ou inflammable) ne seront introduites dans la mine..... et elles ne seront employées que conformément aux dispositions réglementaires suivantes, dans toute mine où la présence d'un gaz inflammable a été constatée dans les trois mois précédents;

1') Une personne compétente, qui sera désignée à cet effet, examinera, immédiatement avant qu'un coup de mine soit allumé, l'endroit où il partira et les environs; elle ne laissera mettre le feu au coup que si elle trouve qu'il n'y a pas de danger à le faire; et aucun coup ne sera allumé que par une personne compétente qui sera désignée à cet effet, ou sous sa direction.

2') Si le gaz inflammable en question se dégage en assez grande quantité pour que la flamme de la lampe de sûreté présente une auréole bleue, l'emploi des mêmes matières aura lieu seulement :

a') Dans le cas de galeries ou de travaux au rocher, ou de fonçage d'un puits, et si l'aérage est distribué de telle sorte que l'air vicié provenant de l'endroit où l'on emploie la poudre passe dans le retour d'air général, sans traverser aucun endroit où s'effectue alors un travail;

b') Ou si les ouvriers ordinairement occupés dans la mine sont hors de la mine ou de la partie de celle-ci où ces matières sont employées.

g) Quand une mine est divisée en panneaux séparés, de sorte que chacun des panneaux soit desservi séparément par une entrée d'air et un retour d'air respectivement en communication directe avec les galeries générales d'entrée et de sortie de l'air, les prescriptions du présent règlement, en ce qui concerne a poudre et les autres substances explosives, s'appliqueront à chacun de ces panneaux comme s'il était une mine séparée.

particulièrement allusion au danger des poussières de charbon ; qu'aucun système spécial de lampes n'est imposé. On n'y trouve pas de prescription générale pour le jaugeage périodique des courants d'air et pour la tenue de plans d'aérage.

RÈGLEMENTS PARTICULIERS.

Nous donnerons comme exemples des extraits résumés de trois règlements particuliers, celui de la mine de Morfa, dans le sud du pays de Galles, celui de la compagnie houillère de Hetton, pour les mines de Hetton, Ellemore et Eppleton, dans le comté de Durham (bassin de Newcastle) (*), enfin celui de la mine de Renishaw, dans le district de Midland.

1° RÈGLEMENT PARTICULIER DE LA MINE DE MORFA
(SUD DU PAYS DE GALLES).

Ce règlement, comprenant 149 articles, se subdivise en chapitres énonçant successivement dans de grands détails les devoirs des divers chefs et simples ouvriers. Ainsi, pour ce qui concerne particulièrement le grisou, on trouve les titres suivants :

Directeur. — Sous-directeur. — Chef mineur (overman). — Surveillant du grisou (fireman). — Mécanicien du ventilateur. — Chauffeur du foyer d'aérage. — Rouleurs. — Gardiens de portes d'aérage. — Houilleurs.

Puis viennent des chapitres spéciaux relatifs aux lampes de sûreté, au tirage à la poudre et enfin des dispositions générales s'adressant à tous les ouvriers, sous le titre : *Règles pour tous les ouvriers.*

Devoirs des divers chefs et ouvriers.

Directeur (manager). — Le directeur est chargé de régler la ventilation en conformité du § 1er du règlement général (art. 5);

D'établir les points d'arrêt prévus par le 5° paragraphe du règlement général, et qui doivent être indiqués d'une manière apparente par les mots : *lamp station* (art. 6);

De désigner les quartiers où doivent être employées les lampes

---

(*) Le règlement de la mine de Morfa peut être pris comme type de ceux du district, bien que tous ces règlements ne soient pas complètement identiques. Dans les districts de Durham et de Northumberland, les directeurs des mines paraissent s'être concertés pour l'adoption d'un règlement uniforme.

de sûreté, et ceux où l'emploi de la poudre ou autres composés explosifs est autorisé, en fixant les conditions de cet emploi (art. 7);

Enfin de donner des instructions pour le percement des trous de sonde d'exploration à l'approche des vieux travaux (art. 8).

Sous-directeur (under-manager). — Le sous-directeur a à surveiller la ventilation et l'éclairage (art. 16);

A prendre les dispositions nécessaires pour faire disparaître toute accumulation de grisou (art. 17);

A régler l'emploi des lampes de sûreté (art. 18);

A diriger les ouvriers à l'approche des vieux travaux pouvant renfermer soit de l'eau, soit du gaz (art. 19);

A faire établir des barrages à l'entrée des chantiers où l'on ne travaille point (art. 20);

A diriger l'exécution des galeries d'aérage en relation avec les chantiers en activité (art. 21).

Maître mineur ou contre-maître (overman). — Le maître mineur s'assure de l'état de la mine avant l'entrée des ouvriers (art. 31);

Inspecte de temps en temps les ouvrages pendant les heures de travail; surveille l'aérage et l'éclairage; inspecte le foyer d'aérage ainsi que la galerie de retour d'air (art. 32);

Arrête le travail dans les chantiers où il peut devenir dangereux (art. 33);

Veille à l'entretien des voies d'aérage (art. 34);

Surveille l'observation des prescriptions des §§ 5, 7 et 8 (art. 36) du règlement général.

Surveillant spécial du grisou (fireman). — Le surveillant spécial du grisou doit faire une inspection détaillée de chaque chantier, avant l'entrée des ouvriers; marquer ceux où l'on peut travailler et ceux dont l'accès doit être interdit (art. 38);

Fait évacuer les quartiers où un danger vient à se révéler, en prévenant ses chefs (art. 40);

Visite fréquemment les chantiers, galeries, etc., et surveille la ventilation et l'éclairage (art. 41);

Met en place et entretient les portes et cloisons d'aérage; veille par des inspections fréquentes à ce que les portes ne puissent rester ouvertes d'elles-mêmes, et à ce que toutes les portes principales soient doublées (art. 44);

S'assure que les portes principales sont gardées par un gamin; que toute porte est régulièrement fermée; enlève celles qui doivent rester temporairement ouvertes (art. 45);

Suspend toute opération qui lui paraît pouvoir entraîner un danger spécial jusqu'à ce qu'il ait reçu les ordres du maître mineur, et rend compte à ce dernier de tout accident ou danger qui peut se présenter dans les quartiers dont il est chargé (art. 46);

Veille aussi à l'observation des paragraphes du règlement général précédemment désignés à l'article 36 (art. 47).

Mécanicien du ventilateur. — Le mécanicien du ventilateur est responsable du fonctionnement constant et régulier des appareils; il doit les inspecter plusieurs fois pendant les heures de son service et prévenir le chef-mécanicien ou quelque autre de ses chefs des accidents et dérangements qui peuvent survenir (art. 68).

Chauffeur du foyer d'aérage. — Le chauffeur du foyer d'aérage doit veiller à l'approvisionnement de ce foyer, à son entretien et à celui des galeries adjacentes, à la bonne marche du feu. Il doit avertir un de ses chefs en cas d'avarie de quelque sorte (art. 91, 92, 93).

Rouleurs. — Les rouleurs doivent prévenir le surveillant du grisou (*fireman*) et le maître mineur (*overman*) de toute apparition du gaz, de toute défectuosité de la ventilation, de tout accident aux portes et aux cloisons d'aérage (art. 100).

Gardiens de portes. — Les gardiens de portes doivent tenir ces portes constamment fermées, sauf, quand il faut les ouvrir pour passer, pendant le temps nécessaire pour les franchir. Ils ne peuvent quitter leur poste pendant la durée de leur service (art. 101).

Ils préviennent les chefs de tout dérangement ou avarie dans les portes, les cloisons d'aérage, etc.

Houilleurs. — Les houilleurs doivent se tenir exclusivement à leur chantier; ne pénétrer sous aucun prétexte dans les vieux travaux (art. 103);

Ne pénétrer dans leur chantier lui-même que s'il n'est pas marqué de deux bras en croix (art. 104);

S'assurer, en pénétrant dans leur chantier, par la marque qui a dû y être faite, que l'inspection du *fireman* a eu lieu; sinon, retourner immédiatement à la *lamp station* et avertir (art. 105);

Ne laisser dans leur chantier aucun remblai ou amas de charbon qui puisse empêcher de pénétrer jusqu'au front de taille et gêner la ventilation; maintenir au contraire le long de ce front de taille un passage de la dimension prescrite par le *fireman* ou autre chef, pour la ventilation (art. 109);

Observer les dispositions du règlement général et du règlement particulier relatives aux lampes de sûreté et au tirage à la poudre (art. 110).

Lampes de sûreté.

Tout quartier de la mine où le grisou peut apparaître en quantité dangereuse sera éclairé exclusivement par des lampes de sûreté fermées à clef (art. 111).

Il est interdit de porter, sans autorisation spéciale, au delà des points d'arrêt établis au jour ou dans les galeries principales d'accès d'air et indiqués par les mots *lamp station*, des lampes à feu nu, chandelles, allumettes, briquets, matières combustibles, pipes, poudre autrement qu'en cartouches, lampes de sûreté non fermées à clef, clefs ou instruments pouvant servir à ouvrir les lampes de sûreté (art. 112).

Le lampiste doit entretenir les lampes de sûreté en bon état. Chaque lampe porte un numéro et, autant que possible, la même lampe doit être donnée toujours au même ouvrier (art. 113).

Les lampes sont fermées à la « *lamp station* », avant qu'elles soient emportées au delà, par le *fireman*, qui doit préalablement en examiner l'état. (Les objets de cet examen sont énumérés en détail.) Personne ne peut porter de clef dans la mine, sauf le *fireman* ou tout autre agent désigné pour ouvrir ou fermer les lampes. — Les clefs sont conservées à la « *lamp station* » (art. 114).

Toute personne recevant une lampe du *fireman* ou d'un autre agent, après qu'elle a été fermée à clef, doit l'examiner soigneusement en présence de l'agent, pour en constater le bon état. Sous aucun prétexte, le porteur d'une lampe ne peut l'ouvrir ou en enlever la partie supérieure au delà de la *lamp station*. Il ne lui est permis que de manœuvrer la mèche et de l'éteindre au besoin. Les lampes doivent être suspendues hors d'atteinte des outils (art. 115).

En cas d'avarie, pouvant créer un danger, survenue à une lampe, ou lorsqu'on vient à s'apercevoir qu'elle est défectueuse ou n'est pas fermée à clef, on doit abaisser la mèche et la porter à la « *lamp station* » pour la remettre au *fireman*, etc... Tout ouvrier qui rend à la *lamp station* sa lampe en mauvais état sans s'être conformé à cette règle est rendu responsable et considéré comme ayant volontairement ouvert ou volontairement avarié cette lampe (art. 116).

Le porteur d'une lampe doit l'examiner fréquemment; si elle décèle la présence de gaz, il doit abaisser la mèche et, sans chercher à l'éteindre complètement, si la flamme subsiste, la porter de suite à la *lamp station* en marchant lentement, la tenant près du sol et au milieu de la galerie, et en évitant de la frapper contre aucun obstacle. Le *fireman* doit être immédiatement prévenu.

Si une lampe vient à s'éteindre, elle doit être rapportée à la *lampe station* et être remise au *fireman* qui l'examine, la rallume et la ferme à clef (art. 117).

Toute personne ayant entre les mains une lampe non fermée ou en mauvais état est considérée comme auteur volontaire du fait, à moins qu'elle ne puisse prouver qu'elle ignorait le défaut de sa lampe, ou qu'elle était en train de la rapporter à la *lamp station* (art. 118).

Le lampiste, le *fireman* ou tout autre agent ayant connaissance d'une infraction au § 7 du règlement général ou aux prescriptions précédentes énoncées sous le titre « *Lampes de sûreté* » doit immédiatement en donner avis au maître mineur ou contre-maître (*overman*) (art. 119).

Tirage à la poudre.

Des ouvriers spéciaux sont désignés par l'*overman* (maître mineur) pour le tirage des coups de mines.

Le § 8 du règlement général doit être strictement observé. Les ouvriers désigés peuvent seuls tirer des coups de mines, et ils ne peuvent les tirer que dans les quartiers où l'usage de la poudre est autorisé (art. 120).

Avant l'allumage, l'ouvrier spécial doit examiner soigneusement le chantier et les régions environnantes. Il ne peut mettre le feu qu'en l'absence de toute trace de gaz (art. 121).

Si l'on emploie des cartouches, elles doivent être faites avec soin hors de la mine. L'ouvrier spécial chargé du tirage rejette toutes celles qui sont défectueuses ; on doit employer exclusivement des mèches de sûreté avec les cartouches (art. 122).

Règles communes à tous les ouvriers.

Toute personne qui découvre un dérangement dans la ventilation, des traces de grisou, etc., doit avertir immédiatement le *fireman* ou autre chef (art. 139).

Il est recommandé à toute personne qui franchit une porte d'aérage de la fermer soigneusement : de fermer également toute porte qu'il trouve ouverte (à moins que ce ne soit une porte de rechange placée entre deux autres), et de prévenir le *fireman* (art. 140).

Il est interdit de rechercher le grisou avec une lampe à feu nu (art. 142).

Personne ne doit laisser de lumière dans la mine après son départ (art. 143).

2° RÈGLEMENT PARTICULIER DE LA COMPAGNIE HOUILLÈRE DE HETTON (COMTÉ DE DURHAM).

Le règlement de la compagnie houillère de Hetton traite aussi successivement des devoirs des divers chefs et ouvriers rangés sous les titres suivants, en laissant de côté le directeur, le sous-directeur (*) et les employés qui n'ont pas à s'occuper du grisou :

Chef mineur ou maître mineur (Overman). — *Sous-chef mineur* (Back Overman). — *Chef remblayeur* (Master Wasteman). — *Chef du poste de nuit* (Master Shifter). — *Surveillants* (Deputies). — *Ouvriers du fond et enfants* (Under ground Workmen and Boys). Un chapitre intercalé se rapporte aux lampes de sûreté, et un chapitre final contient des instructions générales.

Devoirs des divers chefs ouvriers.

Chef mineur. — Le chef mineur est chargé, sous l'autorité du directeur ou du sous-directeur, de la surveillance de la mine ou d'une partie de la mine, § 1.

Il doit inspecter de suite personnellement toute partie de la mine qui peut lui être signalée comme dangereuse, et remédier au mal, § 2.

Il ne quitte pas la mine sans s'être mis en rapport avec le sous-chef mineur, et il confère journellement avec lui ainsi qu'avec les surveillants, le chef remblayeur, le chef du poste de nuit, etc., sur tout ce qui concerne l'état de cette mine, §§ 3, 4, 5.

Il doit observer le baromètre et le thermomètre au jour, avant de descendre et, au fond, dès qu'il est descendu. Il en enregistre les indications, et en cas de baisse considérable du baromètre, il prévient les surveillants, § 6.

Il visite chaque chantier une fois tous les deux jours; le sous-chef mineur visite chaque jour ceux où le chef mineur n'a pas

---

(*) Pour le directeur et le sous-directeur, il ne s'agit que de dispositions générales relatives à leur contrôle sur toute l'exploitation, et aux soins qu'ils doivent prendre pour assurer l'exécution des prescriptions du règlement.

été, de sorte que chaque chantier soit visité chaque jour, § 7.

Il doit journellement examiner les courants d'air ; s'il les trouve trop faibles, en rechercher la cause et prendre les mesures nécessaires pour y remédier. Il doit parcourir de temps en temps les principales galeries de retour d'air, de manière à les bien connaître, § 10.

Il assure le bon entretien de tous les barrages et croisements de galeries d'aérage, § 11.

Il examine chaque jour le registre des rapports, et s'assure du régulier enregistrement de ces rapports, § 14.

Il veille à la stricte observation des règles générales et spéciales, et rend compte immédiatement de toute infraction au directeur ou au sous-directeur, § 18.

Sous-chef mineur. — Le sous-chef mineur a la responsabilité de la surveillance de la mine en l'absence du chef mineur, § 1.

Il doit conférer chaque jour avec le maître mineur, les surveillants et chef mineur de nuit, sur l'état de la mine, § 2 ;

Observer le baromètre au jour ainsi qu'au fond, lorsqu'il descend et lorsqu'il quitte la mine le soir ; il en enregistre les indications, et en cas de baisse considérable, il avertit les surveillants. En tout temps il doit prendre le plus grand soin à examiner les chantiers et vides de l'exploitation, § 4.

Il doit examiner chaque jour les courants d'air principaux, et, s'il trouve quelque circonstance anormale, en rechercher la cause et informer le chef mineur, § 5 ;

Visiter chaque jour les chantiers que le chef mineur n'a pas visités, § 6 ;

Parcourir fréquemment les galeries d'aérage, afin d'en prendre une parfaite connaissance, § 7 ;

Examiner chaque jour le registre tenu sur la mine, et veiller à ce que les rapports y soient régulièrement inscrits, § 8.

Il inscrit chaque jour dans son registre le résultat de ses propres observations, le signe et en adresse copie au directeur ou au sous-directeur, § 9.

Il veille à la stricte observation des règlements généraux et spéciaux, et rend compte de toute infraction au chef mineur, ainsi qu'au directeur ou au sous-directeur, § 10.

Chef des travaux déhouillés, chef remblayeur. — Ce chef ouvrier a, sous l'autorité du directeur ou du sous-directeur, la responsabilité de toute la ventilation de la mine en dehors des chantiers, § 1.

Il doit veiller à ce que les galeries d'aérage soient pourvues de quantités d'air suffisantes pour tenir exempts de tout gaz nuisible les accrochages, niveaux, écuries et voies de circulation aboutissant aux chantiers, § 2 ;

Parcourir une fois par semaine les principales galeries de retour d'air, et tenir sûrement fermées toutes les portes dans les quartiers déhouillés, § 3.

Il a la surveillance des foyers d'aérage, veille à ce qu'ils soient prêts à être allumés quand ils ne sont pas en activité, etc., § 4.

Il doit conférer tous les jours avec le chef mineur sur les changements à faire à la ventilation. Ces changements ne doivent pas, d'ailleurs, être opérés sans l'approbation du directeur ou du sous-directeur, auxquels il fait un rapport quotidien sur l'état de la mine, § 5.

Il doit veiller à ce que des agents spéciaux, préposés à cet effet, examinent le matin toutes les lampes des ouvriers et les ferme après vérification. Il s'assure qu'il n'est fait usage dans sa section que de lampes de sûreté bien fermées, § 6.

Il a seul le contrôle des guichets d'aérage, § 7.

Aucune porte d'aérage ne doit être paralysée dans son mouvement, § 8.

Le même chef doit signaler au directeur ou au sous-directeur toute apparition de gaz dans son quartier, § 9 ;

Tenir en bon état d'entretien tous barrages, croisées d'air et portes d'aérage du quartier, § 10 ;

Examiner fréquemment les galeries principales d'arrivée et de retour d'air et les bords des vides, § 11.

Il tient un registre, qui doit être chaque jour complété et signé, et dont une copie est adressée au directeur ou au sous-directeur, § 12.

Il veille à l'observation des règlements, § 13.

Chef du poste de nuit. — Ce chef de poste a la responsabilité de la surveillance pendant la nuit, § 1.

Il doit examiner et fermer les lampes des ouvriers sous ses ordres, et ne permettre l'emploi d'aucune lampe découverte, sauf dans les galeries de roulage, et en deçà du signal « *caution* », § 2.

Il se concerte avec le chef mineur et le sous-chef mineur, avant d'entrer dans la mine, § 3.

Il examine chaque nuit les courants d'air principaux, et rend compte au directeur ou au sous-directeur de tout ce qui peut être anormal, § 7.

Il doit assurer la stricte observation des règlements, § 8 ;

Ne pas quitter la mine, le matin, sans conférer avec les surveillants du nouveau poste, § 9.

Surveillants. — En l'absence du chef mineur ou du sous-chef mineur, les surveillants sont responsables des ordres de leurs supérieurs, § 1.

Ils ont à suivre les instructions du chef mineur et du sous-chef mineur, à assurer l'exécution des règles générales et spéciales. Ils veillent à ce qu'on ne passe pas, sous quelque prétexte que ce soit, au delà d'un signal « *caution* » avec des lampes à feu nu ou des lampes de sûreté non fermées. Ils examinent et ferment eux-mêmes sûrement la lampe de chaque ouvrier avant de lui permettre de passer, § 2.

Ils descendent avant les hommes, et examinent à la lampe de sûreté tous les chantiers, en marchant avec le courant d'air. Ils barrent complètement les entrées des chantiers où l'on ne travaille pas ou dans lesquels ils ont constaté la présence du gaz et, dans ce dernier cas, ils placent, à une distance suffisante du point dangereux, une planche portant le mot « *danger* », § 4.

Ils placent les cloisons d'aérage (brattices), à tous les chantiers où il en est besoin, § 5.

Il n'est permis de faire usage de lampes à feu nu dans aucun quartier pendant certaines opérations, et si l'on craint un danger, il ne doit y être procédé qu'après la suspension générale des travaux, § 7.

Les surveillants allument les coups de mines des ouvriers qui font usage de lampes de sûreté, sur les points où l'emploi de la poudre est permis, après examen du chantier où le sautage doit avoir lieu et des régions voisines, § 8.

Ils renvoient tout ouvrier qni, sans autorisation, allume un coup de mine sur un point où la lampe de sûreté doit être employée, ou qui est trouvé porteur de tabac à fumer, briquet, etc. Les allumettes sont formellement interdites dans toute la mine, § 9.

Il est défendu de fumer dans une mine où l'on fait usage de lampes de sûreté, § 10.

Les surveillants ont à entretenir les barrages, portes, cloisons d'aérage, etc., § 11.

Ils doivent faire attention aux indications du baromètre, et redoubler de précautions lorsque quelque perturbation survient, § 12.

Retirer immédiatement les ouvriers de tout endroit devenu dangereux par le gaz ou autrement ; barrer le passage sur toute sa largeur ; placer à une distance suffisante le signal « *danger* » ; prévenir le directeur ou le sous-directeur et noter la circonstance dans le registre de rapports. Tout ouvrier passant sans autorisation au delà du signal « *danger* » doit être renvoyé, et ne peut être admis à retourner au travail qu'après enquête et punition, § 13.

Ils ont à examiner fréquemment les bords des vides en arrière des chantiers, § 14.

A parcourir les galeries d'aérage une fois par trimestre, afin de les bien connaître, § 15.

Ils doivent se faire remettre toute lampe de sûreté avariée, et rendre compte au directeur ou au sous-directeur, § 16.

Veiller à ce que les lampes soient fermées sûrement, § 17.

Ils renvoient de la mine tout boiseur qui détériore une porte sans leur en rendre compte, et ils en avisent le chef mineur, § 18.

Ils veillent à ce que les portes soient installées de manière à se fermer d'elles-mêmes, § 19.

Ils pourvoient les ouvriers qui se servent de lampes de sûreté, des supports nécessaires pour ces lampes, § 20.

Le surveillant de service doit, chaque mois, rendre compte au sous-chef mineur de l'état de son quartier, § 21.

Il note chaque jour cet état dans son registre de rapports et le signe, § 22.

Lampes de sûreté.

Il doit être fait usage de lampes de sûreté fermées à clef pour l'examen de tous les chantiers, dans les vieux travaux ou dans ceux où le travail est suspendu, dans les parties en dépilage, pour l'enlèvement des boisages, etc., § 1.

Dans les quartiers que le directeur désigne, il est établi des points d'arrêt où sont fixés des écriteaux portant le mot « *caution* » que personne ne peut dépasser, sous aucun prétexte, avec des chandelles, lanternes, tabac à fumer, lampes à feu nu, matières en ignition ou engins propres à donner du feu. A partir de ces points d'arrêt on ne peut introduire de lampes de sûreté dans les travaux en traçage ou en dépilage, ou dans les vieux travaux sans qu'elles aient été examinées et sûrement fermées à clef par un agent préposé à cet effet, § 2.

Personne, à moins d'autorisation écrite, ne peut avoir en sa possession, dans la mine, aucune clef ou autre instrument pouvant servir à l'ouverture des lampes, § 3.

Le chef mineur et les surveillants ont plein pouvoir pour indiquer aux ouvriers comment ils doivent faire usage de leurs lampes et les points où ils doivent les placer pendant leur travail. Il est expressément enjoint à chaque ouvrier de se conformer à ces instructions, qui doivent concorder avec les prescriptions placées sous le présent titre, § 4.

En cas d'accident arrivé à une lampe pendant qu'elle est en service (avarie de treillis, huile répandue sur le treillis ou autre circonstance pouvant en compromettre la sûreté), cette lampe doit être immédiatement éteinte par l'abaissement de la mèche dans le porte-mèche, au moyen de l'épinglette, et être portée à la station où l'on examine les lampes. Elle ne peut être remise en service qu'après avoir été soigneusement examinée par un agent spécial, § 5.

Chaque ouvrier à qui une lampe est confiée emporte chez lui le treillis et le nettoie chaque fois qu'il s'en sert; si ce treillis a besoin de réparation, il doit le porter à l'agent spécial, § 6.

Toute personne qui reconnaît la présence du gaz dans sa lampe doit abaisser la flamme avec l'épinglettte, et après avoir couvert la lampe pour la garantir, la déplacer lentement et avec soin, en se retirant pour la porter au surveillant, § 7.

Il est expressément défendu de manœuvrer une lampe de sûreté autrement que pour l'arrangement de la mèche au moyen de l'épinglette, § 8.

Les lampes de sûreté doivent être suspendues à des supports spé ciaux fournis à cet effet. Elles ne doivent pas être placées auprès du vide en arrière des chantiers ou près des vieux travaux, § 9.

Elles ne doivent pas être placées à moins de 2 pieds de la trajectoire du pic ou autres outils des ouvriers pendant leur travail, § 10.

Une lampe qui vient à s'éteindre doit être portée à la station spéciale pour y être rallumée, examinée et fermée à clef par l'agent préposé à cet effet, § 11.

Il est expressément prescrit à tout ouvrier témoin de l'emploi irrégulier d'une lampe de sûreté d'en informer immédiatement l'agent chargé dans ce moment de la surveillance de la mine, lequel doit lui-même en aviser le directeur, pour que le coupable soit puni.

Devoirs des ouvriers du fond et enfants.

Ce chapitre contient la reproduction de la plupart des prescriptions précédemment énoncées et presque dans les mêmes termes ; on peut citer, en outre, les dispositions suivantes, qui ne sont pas une simple répétition.

Aucun ouvrier ne peut, sans autorisation, mettre le feu à un coup de mine; il doit aller chercher le surveillant ou toute autre personne à ce autorisée, § 6.

Il est défendu de fumer dans toute mine où les lampes de sûreté doivent être employées, § 7.

Aucun ouvrier ou enfant ne doit, sans être autorisé à le faire, aller dans un autre quartier de la mine que celui ou il a été posé par le chef mineur, le surveillant ou autre agent, § 9.

On ne doit pas laisser le gaz brûler dans la lampe de sûreté lorsqu'on peut l'éviter. S'il est besoin de faire la recherche du gaz, la lampe ne doit pas être élevée plus haut qu'il n'est nécessaire pour en constater la présence, § 12.

Toutes personnes employées accidentellement au fond, maçons, ouvriers mécaniciens ou autres, sont soumises aux présentes règles et doivent s'en instruire, § 13.

L'ouvrier ou l'enfant dont le chantier deviendrait dangereux pour quelque cause que ce soit doit cesser d'y travailler et appeler immédiatement le surveillant, § 14.

Aucun ouvrier ou enfant ne peut passer au delà d'un signal « *danger* », à moins qu'il n'y soit spécialement autorisé, § 21.

Personne ne doit passer au delà d'un signal « *caution* » à moins que sa lampe n'ait été examinée et fermée par le surveillant ou autre agent chargé de ce soin, § 22.

Tout ouvrier qui observe une apparence de gaz dans son chantier doit le quitter immédiatement et informer le surveillant, § 23.

Instructions générales.

Toute personne qui trouve une porte d'aérage laissée ouverte quand elle devrait être fermée, des barrages endommagés ou quelque autre chose capable de nuire à la ventilation de la mine ou d'en compromettre la sûreté à d'autres égards, doit prévenir immédiatement le chef mineur ou le surveillant, ou tout autre agent de service dans la mine, afin qu'il y soit remédié dans le plus bref délai possible, § 1.

Une personne chargée d'un poste de confiance ne peut se faire remplacer sans l'assentiment du directeur, § 2.

Quiconque peut avoir connaissance d'une infraction aux prescriptions ou instructions doit la dénoncer sur-le-champ, pour que les mesures nécessaires soient prises et que le coupable soit puni, § 4.

Tout ouvrier ou enfant qui n'observe pas les dispositions prescrites, ou qui refuse obéissance aux ordres qu'il reçoit en conformité des règlements généraux et particuliers, doit être renvoyé, sans préjudice de punition après enquête, § 5.

Lorsque la même personne est attachée à plusieurs quartiers, elle est tenue d'observer les prescriptions pour tous ces quartiers, § 6.

3° REGLEMENT PARTICULIER DE LA MINE DE RENISHAW (MIDLAND).

Ce règlement, comme les précédents, est divisé en espèces de chapitres qui se rapportent aux diverses catégories de chefs et ouvriers, rangés sous les titres suivants :

Directeur (Manager); *sous-directeur et suppléants ou surveillants (under Viewer and Deputies)*; *mineurs des tailles (Stallmen)*; *ouvriers du fond et enfants (under ground Workmen and Boys)*; *chauffeurs des foyers d'aérage, lampistes (Furnacemen, Lampkeepers)*, pour ne prendre toujours que ceux que nous avons à considérer. Au contraire, il n'y a pas de chapitre spécial relatif aux lampes de sûreté et au tirage à la poudre.

Une sorte de préambule défend aux agents chargés d'un poste de confiance de s'absenter et de se faire remplacer sans une autorisation expresse de leur supérieur, § 1, et prohibe l'introduction de boissons enivrantes sans le consentement du directeur, et sauf seulement le cas de nécessité, avec interdiction d'admettre une personne en état d'ivresse dans la mine ou sur les abords, § 2.

Devoirs des chefs et ouvriers.

Directeur. — Le directeur doit assurer l'exécution des dispositions réglementaires, et préposer à la surveillance de la mine un nombre suffisant de personnes compétentes, ayant aussi pour devoir de veiller à ce que les travaux soient conduits avec les précautions nécessaires pour la sûreté des hommes, § 3.

Une ou plusieurs personnes sont chargées de l'examen des lampes de sûreté avant qu'elles soient mises en service. Dans les quartiers où les lampes doivent être employées, aucune lampe ne peut l'être sans avoir subi cet examen et avoir été reconnue sûre et bien fermée. Personne ne doit avoir en sa possession, dans la mine, de clef ou autre instrument propre à ouvrir les lampes. Il ne peut y avoir de lampe ouverte que dans le cabinet du lampiste ou à une station désignée pour l'allumage. Le treillis des lampes de sûreté ne doit pas avoir moins de 28 fils parallèles par pouce, et moins de 784 ouvertures par pouce carré, et l'on doit avoir en approvisionnement un nombre suffisant de lampes bien complètes, § 4.

Le directeur doit veiller à ce que la ventilation soit suffisante pour diluer et rendre inoffensifs les gaz nuisibles, de manière que toutes les parties de la mine soient dans un état convenable pour le travail et la circulation, § 5.

Il désignera, à l'entrée ou dans différentes parties de la mine, des points d'arrêt qui ne peuvent être franchis qu'après inspection des ouvrages situés au delà, § 6.

Sous-directeur et surveillants. — Le sous-directeur ne peut se faire suppléer qu'en cas d'absence légitime, § 9.

Toutes les fois qu'il se trouve dans la mine d'autres hommes que ceux qui sont chargés des foyers d'aérage et le palefrenier, il doit préposer un agent spécial à la surveillance des travaux et des personnes, § 10.

Il doit, ou, en son absence, son suppléant doit, une fois par 24 heures s'il n'y a qu'un poste, une fois par 12 heures s'il y en a deux, visiter les voies de circulation et les chantiers avant la descente des ouvriers et enfants. Il laisse à chaque chantier une marque indiquant le moment de sa visite. S'il trouve les voies et travaux bien aérés et sûrs sous tous les rapports, il donne le signal de la descente aux hommes de la recette extérieure. Mais si un danger de grisou ou de toute autre nature apparaît sur quelque point, il y place immédiatement un signal de danger. Ces circonstances sont consignées dans un rapport porté au registre tenu sur la mine, § 11.

Lorsque quelque quartier de la mine vient à être reconnu dangereux, il doit être évacué, et l'inspection en est faite avec la lampe de sûreté, si le danger provient du gaz. Aucun ouvrier ne peut y rentrer avant que ce danger ait cessé, à l'exception de ceux qui sont chargés d'en rechercher les causes et d'y remédier. La situation des choses est encore l'objet d'un rapport, § 12.

Le sous-directeur ne peut faire ou laisser faire aucun changement dans le mode de ventilation de la mine, lorsqu'il s'y trouve des hommes au delà du point où un pareil changement est projeté. L'air sortant des écuries doit, autant que possible, se rendre directement dans la galerie de retour, § 13.

Les portes, dans les principales voies d'aérage, doivent être visitées journellement par le sous-directeur ou, à son défaut, par un surveillant. On veillera à ce qu'elles soient au besoin doublées et à ce qu'elles soient libres dans leur mouvement, de manière à se fermer d'elles-mêmes. Des gardiens y seront placés quand il sera nécessaire. Les portes qui ne servent qu'accidentellement pour le sous-directeur ou le surveillant seront tenues fermées à clef, § 14.

Le sous-directeur ou le surveillant doit veiller à ce que les voies d'aérage et croisements d'air soient tenus convenablement ouverts. Les voies d'aérage seront parcourues au moins une fois par semaine, et les guichets, portes, barrages et cloisons d'aérage seront immédiatement placés où il sera nécessaire. Le foyer d'aérage sera également surveillé. Le sous-directeur ou le surveillant devra rester dans la mine jusqu'à la fin de la journée, s'assurer de la fermeture des portes, etc., et surveiller la sortie des ouvriers et enfants, § 17.

L'entrée des ouvrages en inactivité doit être convenablement barrée dans toute sa largeur, de manière qu'on ne puisse y pénétrer par inadvertance, § 19.

Le sous-directeur veillera, suivant les instructions du directeur, à ce que les lampes de sûreté soient employées à l'exclusion des lampes à feu nu, partout où le grisou peut être à craindre, et à ce que les signaux d'avertissement « *caution* » soient placées à cet effet, § 20.

Il doit assurer l'observation des dispositions réglementaires (acte de 1872 et règlement particulier de la mine), pour l'emploi de la poudre ou autres substances explosives, § 21.

Les indications du baromètre et du thermomètre sont enregistrées tous les jours par lui ou par un agent désigné à cet effet, et il doit faire redoubler de soins à l'égard des appareils de ventilation et de l'inspection des ouvrages en cas de perturbation, § 23.

Le sous-directeur doit envoyer au directeur un rapport hebdomadaire sur la quantité d'air qui passe dans la mine, § 24.

Le surveillant est spécialement chargé, dans le quartier qui lui est assigné, des chantiers, etc., des portes et barrières; il veille à la bonne distribution des bois, etc., § 25.

Il ne doit permettre à personne de dépasser un point d'arrêt, avant que les ouvrages au delà aient été visités, et il veille à la pose des signaux nécessaires, § 27.

Il doit faire sortir les hommes des tailles qui ne sont pas sûres, et en rendre compte, § 28.

Il veille à l'observation des dispositions réglementaires relatives à l'emploi de la poudre, § 29.

Il inspecte toutes les lampes de sûreté de son quartier, et retire celles qu'il ne trouve pas sûres, § 32.

Il doit parcourir le retour d'air au moins une fois par semaine, § 33.

Il dénonce au sous-directeur toute infraction au règlement commise par les ouvriers ou enfants, § 34.

Il doit avoir fait son rapport journalier avant de quitter la mine. Lorsqu'il y a plusieurs postes à surveiller, aucun surveillant ne peut quitter le sien avant l'arrivée du sous-directeur ou du surveillant du poste suivant et sans les avoir informés de tout ce qui peut appeler l'attention, § 35.

Le surveillant veille à ce que tous les quartiers où l'on ne travaille pas soient barrés, et, dans le cas contraire, il signale le fait au sous-directeur, § 36.

Mineurs des tailles. — Les chefs de poste ne doivent employer ou laisser employer la poudre qu'en conformité des dispositions du règlement général relatives à cet emploi, § 39.

Indépendamment des inspections faites par le sous-directeur, un surveillant ou tout autre agent, l'état des chantiers doit être examiné avant le commencement du travail et de temps en temps pendant la durée du poste. En cas de danger, le chef de poste doit faire sortir ses hommes, § 40.

Ouvriers du fond et enfants. — Personne ne doit passer au delà des points d'arrêt ni entrer le matin dans son chantier avant qu'il ait été inspecté et déclaré sûr. Personne ne peut aller dans une autre partie de la mine que celle où il travaille, à moins d'ordre du directeur ou de circonstances prévues par le règlement, § 44.

Toute personne qui découvre un arrêt ou un dérangement dans la ventilation, une avarie aux portes, barrages, etc., quelque obstruction dans les courants d'air, etc., une accumulation de gaz ou d'air, doit prévenir de suite les hommes et enfants qui se trouvent dans la partie de la mine dont il s'agit, ainsi que le directeur et le surveillant, § 45.

Toute personne qui traverse une porte doit la fermer immédiatement. Il est défendu de détériorer une porte ou de la laisser ouverte; d'abattre ou endommager un barrage ou une cloison d'aérage, etc., de déplacer un signal d'avertissement « *caution* » ou « *danger* », ou de faire aucun changement dans la mine, sans un ordre du sous-directeur ou du surveillant, § 46.

On ne doit pas laisser de lumière ou de poudre dans la mine en la quittant, § 47.

Personne ne peut allumer un coup de mine sans la permission du sous-directeur, § 50.

Il est défendu de rechercher le grisou avec une lampe à feu nu; de chercher à le déloger par l'agitation de l'air. Sur les points où l'usage des lampes de sûreté est prescrit, personne ne peut se servir de lumière à feu nu, ni avoir en sa possession des pipes ou briquets, § 51.

Les lampes de sûreté doivent être employées avec les plus grands soins. Chacun doit examiner sa lampe pour voir si elle est propre et bien fermée, au moment où il la reçoit du lampiste, § 52.

Elles ne doivent pas être placées à terre; excepté pendant le havage et, dans tous les cas, elles doivent l'être à 2 pieds au moins de la trajectoire du pic, § 53.

Personne ne peut avoir dans la mine une lampe non fermée à clef, ni être porteur de clef ou d'autre instrument propre à ouvrir les lampes, à l'exception de ceux qui y sont spécialement autorisés, § 54.

On ne doit pas travailler avec une lampe pleine de feu, ni, dans ce cas, l'ouvrir ou souffler la flamme. Défense est faite aussi d'allumer du tabac ou autre substance au treillis.

Lorsqu'une lampe devient dangereuse par le fait d'huile répandue sur le treillis, ou par le fait de quelque autre avarie, on doit l'éteindre en rentrant la mèche avec l'épinglette et la porter au lampiste, § 58.

Chauffeurs de foyers d'aérage, lampistes. — Le foyer d'aérage ou le ventilateur ne doit être arrêté ni jour ni nuit sans l'ordre du directeur. Lors du changement de poste, le chauffeur ne doit pas quitter son foyer avant l'arrivée du chauffeur du poste suivant. En cas de maladie, d'absence forcée, il doit prévenir le directeur à temps pour qu'il soit pourvu à son remplacement, § 59.

Le chauffeur doit tenir constamment son feu bien vif, ne pas laisser de cendres s'accumuler sur la grille ou sous la grille, etc., § 60.

Le lampiste ne doit pas délivrer de lampes dont le treillis ait moins de 28 fils parallèles par pouce, ou qui ne soient pas munies d'une fermeture convenable, etc. Il doit s'assurer, en les délivrant, qu'elles sont en bon état de service, propres, bien garnies, fermées sûrement à clef, et que chaque lampe de Davy est protégée par un écran. Lorsqu'il trouve qu'une lampe de sûreté a été endommagée volontairement ou par négligence, ou qu'on s'en est servi sans soin, il doit en informer le sous-directeur, § 61.

On peut remarquer encore, dans ces règlements particuliers, l'absence d'instructions précises relativement à la tenue des plans d'aérage et au jaugeage périodique des courants d'air, sauf la mention portée dans le § 24 du dernier, d'un rapport hebdomadaire à remettre au directeur, sur les quantités d'air qui passent dans la mine (*).

(*) Cependant des observations anémométriques s'exécutent aussi périodiquement dans diverses mines d'autres districts, comme le montre une enquête récente faite sous le titre : *Question concernant la ventilation des mines.* Ainsi, dans les houillères du sud du pays de Galles, les volumes d'air sont

On remarque aussi l'absence de toute disposition relative au danger des poussières de charbon (ce n'est que dans ces dernières années qu'on s'est occupé particulièrement de ce danger en Angleterre).

Enfin, on peut remarquer que, comme dans le règlement général compris dans l'acte de 1872, il n'y a aucune désignation de types au sujet des lampes de sûreté (*).

---

enregistrés tous les jours en même temps que les indications du baromètre et du thermomètre. Dans certaines mines du Yorkshire, il est fait mention du mesurage des vitesses des courants.

Des instructions précises, relatives à la tenue des plans d'aérage et au jaugeage des courants d'air, méritent assurément de figurer explicitement dans les règlements particuliers ; ce sont des mesures aussi importantes, plus importantes même que plus d'une autre, sur lesquelles ces règlements contiennent des détails excessivement minutieux. La vitesse des courants, indépendamment du volume d'air, est elle-même souvent intéressante à bien noter, par exemple au point de vue de la sûreté des lampes, elle peut aussi intéresser au point de vue de l'efficacité du balayage du gaz le long des parois des ouvrages, en même temps que les dispositions prises dans ce but.

(*) D'après l'enquête mentionnée dans la note précédente, un assez grand nombre de lampes de sûreté diverses sont employées en Angleterre.

Dans le comté de Durham, par exemple, certaines mines emploient particulièrement la lampe de Davy, d'autres la lampe de Davy et la lampe Clanny ; la première dans les dépilages, la deuxième dans les traçages.

On peut citer aussi l'emploi de la lampe Davy dans le Northumberland, à la mine de Cowpen, par exemple.

Dans le Midland, c'est la lampe Clanny qui serait en usage d'une manière générale, et la lampe Stephenson dans les mines très grisouteuses, la lampe de Davy étant réservée aux ingénieurs et surveillants.

Dans le Yorkshire, la lampe de Davy est beaucoup employée dans certaines régions, comme Bradford, Lieds, Wakefield. La lampe Clanny l'est fréquemment dans tout le district, particulièrement dans les galeries principales ; la lampe Stephenson, dans les travaux ou dans les mines où le gaz abonde (on peut citer Barnsleys Silkstone, etc.).

La lampe Mueseler a été introduite dans une douzaine de houillères. Dans quelques houillères de Sheffield on se sert de la lampe Brainbridge.

Dans le sud du pays de Galles, on trouve particulièrement la lampe Davy et la lampe Clanny ; la lampe Mueseler dans certaines houillères.

Les diverses compagnies reconnaissent dans cette enquête :

Que la lampe Davy a l'avantage de la simplicité, mais qu'elle éclaire mal et qu'elle manque de sûreté, la flamme dans les courants rapides traversant facilement le treillis ;

Que la lampe Clanny éclaire bien, mais qu'elle laisse à désirer sous le rapport de la sûreté : qu'elle ne s'éteint pas dans les mélanges explosifs ; qu'elle laisse passer la flamme dans les courants rapides, bien qu'elle résiste mieux que la précédente ; enfin qu'elle donne lieu à des ruptures de verres ;

Que, dans la lampe Stephenson, la flamme ne traverse pas facilement le treillis ; que cette lampe est une des meilleures sous ce rapport, et convient pour des dégagements soudains ; mais qu'elle éclaire mal, que la flamme passe encore dans des courants rapides ;

RÉGIME PRUSSIEN.

LOI PRUSSIENNE DU 24 JUIN 1865.

La loi prussienne du 24 juin 1865, dans le § 197 du titre IX, relatif à la police des mines, arme les administrations supérieures des mines « *Oberbergamt* » du droit de publier pour tout ou partie de leur circonscription des ordonnances de police sur les objets désignés dans le § 196, et qui se rapportent spécialement à la sûreté des exploitations, à la sécurité de la vie et de la santé des ouvriers (*)..

RÈGLEMENTS GÉNÉRAUX.

En vertu de cette loi, des règlements généraux ont, en effet, été établis dans diverses juridictions minéralogiques :

Que la lampe Mueseler éclaire bien, s'éteint facilement dans les mélanges explosifs; que le verre, par ce fait même, risque moins de se briser que dans la lampe Clanny simple; que le treillis ne laisse passer la flamme qu'à des vitesses un peu supérieures à celle pour laquelle la lampe Stephenson est insuffisante; qu'elle n'a que l'inconvénient de s'éteindre quand on la penche, e d'être difficile à nettoyer.

(*) La loi prussienne du 24 juin 1865 (volume de 1868, page 81) porte, au titre IX :

§ 196. L'exploitation des mines est placée sous la surveillance de la police des autorités des mines.

Cette surveillance s'étend :

A la sûreté des exploitations;

A la sécurité de la vie et de la santé des ouvriers;

A la protection de la surface, dans l'intérêt de la sécurité des personnes et de la circulation publique;

A la protection contre les effets généralement nuisibles de l'exploitation des mines.

. . . .

§ 197. Les administrations supérieures des mines ont le droit de publier des ordonnances de police sur les objets désignés dans le § 196, pour tout ou partie du périmètre de leur circonscription administrative.

La publication de ces ordonnances se fait par la feuille officielle. . . . . . .

§ 198. Lorsque dans une mine il se présente un danger sous le rapport des objets désignés au § 196, l'administration supérieure des mines doit prendre, par une décision, les mesures de police nécessaires, après avoir entendu le concessionnaire de la mine ou son représentant.

§ 199. Lorsque le danger est imminent, l'employé du district doit prendre immédiatement, et même sans entendre préalablement le concessionnaire de la mine ou son représentant, les mesures de police nécessaires pour conjurer le danger, mais en avertissant en même temps l'administration supérieure des mines.

Dans celle de Dormund, règlement du 9 mai 1863.
—   de Bonn, règlement du 8 novembre 1867.
—   de Breslau, règlement du 31 mai 1869.
—   de Clausthal, règlement du 5 juin 1869.
—   de Halle sur la Saale, règlement du 15 juillet 1873.

Chacun de ces règlements contient des dispositions spéciales pour les mines à grisou. Nous citerons les suivants :

I. — JURIDICTION DE BONN.

Dans le règlement général de Bonn, on trouve les prescriptions suivantes :

Approvisionnement sur toutes les mines de lampes de sûreté (sans désignation de type), en nombre suffisant, et au moins égal à deux, tant que la présence du grisou n'a pas été constatée (§ 34);

Visite, avant l'entrée des ouvriers, des quartiers où la présence du grisou est constatée ou redoutée;

Indication, d'après cette visite, des régions où l'on peut travailler avec des lampes à feu nu, de celles où l'on ne doit travailler qu'avec des lampes de sûreté, de celles où l'on ne doit pas pénétrer; les régions de la 2ᵉ catégorie devant être indiquées par des signes bien apparents; celles de la 3ᵉ, être complètement barricadées (§ 35) ;

Obligation imposée aux employés responsables de prendre immédiatement les mesures nécessaires pour éloigner le danger, lorsque la visite prévue au § 35 fait redouter un dégagement ultérieur plus considérable de grisou, ou lorsque le gaz se présente avec une abondance extraordinaire à un chantier quelconque pendant le travail (§ 36) ;

Défense, dans les mines grisouteuses qui possèdent des foyers d'aérage, de faire passer le courant d'air aspiré sur la flamme nue de ces foyers et recommandation de prendre les dispositions nécessaires pour que la retraite ne puisse être coupée au chauffeur par du gaz explosif enflammé. Interdiction absolue de foyers ouverts dans les mines à grisou (§ 38) ;

Emploi de lampes de sûreté pour les sondages préalables ou de reconnaissance (§ 39);

Emploi exclusif d'engins qui brûlent sans flamme pour l'allumage des coups de mines dans les quartiers où l'on doit employer les lampes de sûreté (§ 40) ;

Défense d'introduire, dans ces quartiers, des lampes à feu nu, des pipes, du tabac et des briquets, sauf ceux en acier avec pierre et amadou (§ 41).

Aux termes d'un des paragraphes (§ 37), dans toute mine où le grisou apparaît, les propriétaires de la mine, leurs représentants ou les directeurs doivent faire un règlement particulier qui définisse :

Comment et par qui doit être faite la visite de la mine en vue du grisou ;

Comment seront indiqués les galeries et les quartiers qui ne doivent être traversés qu'avec des lampes de sûreté ;

La conservation, l'entretien et la vérification des lampes de sûreté et les personnes chargées de ce soin ;

L'allumage, l'extinction, l'ouverture et la fermeture des lampes de sûreté ;

Les mesures de précaution relatives à l'emploi des lampes de sûreté et au tirage à la poudre.

Ce règlement particulier doit être soumis à l'homologation du bureau supérieur d'administration des mines de la juridiction « *Oberbergamt* » et doit être porté à la connaissance du personnel des ouvriers par lecture et affichage.

Si, après une invitation préalable, le règlement n'est pas présenté, l'*Oberbergamt* en fait un d'office.

Les prescriptions du règlement doivent être observées par ceux qui travaillent dans la mine et même par ceux qui la visitent.

II. — JURIDICTION DE HALLE-SUR-LA-SAALE.

Dans le règlement général de Halle-sur-la-Saale nous citerons les dispositions suivantes :

Les mines de houille où l'on a pas encore constaté la présence du grisou doivent être munies d'au moins deux lampes de sûreté en bon état (§ 61);

Le directeur de l'exploitation doit prévenir immédiatement le service des mines du district (*Revierbeamte*) de la première apparition du grisou (§ 62);

Le bureau supérieur d'administration des mines de la juridiction « *Oberbergamt* » prescrira, par des règlements spéciaux, les précautions particulières qu'il conviendra d'observer dans les mines grisouteuses (§ 63).

III. — JURIDICTION DE BRESLAU.

Dans le règlement général de Breslau, on voit figurer :

L'obligation d'informer le bureau du district de toute explosion de grisou, suivie ou non d'accident (§ 8);

La subordination de l'établissement des foyers d'aérage dans les mines atteintes ou menacées de grisou, tant au jour que dans les galeries souterraines, à l'agrément de l'autorité minière ; l'interdiction absolue des foyers à feu nu dans les mêmes mines (§ 10);

La défense du travail par tailles montantes sans l'assentiment de l'autorité minière, ce travail devant être, d'ailleurs, soumis aux prescriptions édictées par cette autorité (§ 11);

L'obligation de ne travailler qu'avec des lampes de sûreté toutes les fois qu'on perce une galerie dans le voisinage de vieux travaux, ou qu'on pratique un sondage de reconnaissance (§ 12);

Le tirage à la poudre est soumis aux mêmes prescriptions que celles portées dans les §§ 40 et 41 du règlement de Bonn (§§ 13 et 14);

Par une disposition absolument semblable à celle du § 7 du règlement général de Bonn, le directeur responsable de toute mine où le grisou apparaît doit prendre un règlement particulier, dont l'objet est défini dans les mêmes termes (§ 9).

IV. — JURIDICTION DE DORMUND.

Le règlement général de Dormund renferme plus de détails que les précédents : on y trouve particulièrement :

L'obligation d'avoir dans toutes les mines à grisou un manomètre bien construit (§ 3).

Il contient lui-même des dispositions relatives au service des lampes de sûreté :

Qui doivent être construites de manière à ne pouvoir être ouvertes (§ 9);

Dont les clefs doivent rester entre les mains des surveillants désignés (§ 10);

Qui doivent être nettoyées et ouvertes par des lampistes spéciaux (§ 11);

Être remises à chaque mineur, à des stations déterminées, en bon état, pleines d'huile et fermées, et être rendues fermées (§ 13);

Être, en cas d'extinction dans les travaux, portées au jour où aux stations spéciales, pour être rallumées par les personnes désignées (§ 14).

Le § 12 prévoit la visite préalable des mines, avant l'entrée des ouvriers, par des agents spéciaux, qui désignent les chantiers où doivent être employées des lampes de sûreté et ceux où les lampes à feu nu peuvent être admises; interdisent et ferment les chantiers où la flamme remplit le tamis de la lampe de sûreté.

Enfin, le travail aux avancements doit être fait exclusivement avec des lampes de sûreté (§ 15).

RÈGLEMENTS PARTICULIERS.

Nombre de règlements particuliers ont été faits dans les diverses juridictions, en conformité des prévisions des règlements généraux (*).

Ces règlements particuliers énoncent, avec des détails minutieux, les précautions à observer. Nous donnerons ici comme exemples celui de la mine royale de Duttweiler Jagersfreude, dans la juridiction de Bonn et le règlement spécial appliqué directement à la mine de Frédéric-le-Grand dans la juridiction de Dormund, en vertu du § 198 de la loi de 1865.

(*) On peut citer les 9 règlements particuliers suivants en vigueur dans la juridiction de Bonn, qui ont été faits en exécution du § 37 du règlement général :

1° Règlement pour la mine royale de Duttweiler Jägersfreude, du 27 mai 1868, homologué par l'ingénieur en chef de la circonscription, le 2 juillet;

2° Règlement pour la mine royale de Reden-Merchweiler, quartier de Reden, du 28 mai 1868, homologué le 9 août 1869;

3° Règlement pour la mine royale de Heinitz, de 1868, homologué le 19 mai 1868;

4° Règlement pour la mine royale de Sulzbach-Altenwald, quartier d'Altenwald, du 10 février 1868, homologué aux dates des 8 avril 1868 et 13 janvier 1876;

5° Règlement pour la mine royale de Heydt, du 20 août 1868, homologué aux dates des 25 septembre 1868 et 13 janvier 1876;

6° Règlement pour la mine royale de Friederichsthal Quiersched, du 23 décembre 1868, homologué aux dates des 6 janvier 1869 et 13 janvier 1876;

7° Règlement pour la mine royale de Gerhard-Prinz-Wilhelm, du 24 décembre 1867, homologué le 23 avril 1868, puis, après modification, le 24 septembre 1873;

8° Règlement pour la mine royale de König-Wellersweiller, près Neunkirchen, d'août 1875, homologué le 3 décembre 1875;

9° Règlement pour la mine de Kromprinz-Friederich-Wilhelm-Geissantern, quartier de Schwalbach-Griesborn, du 15 mai 1876, homologué le 25 août 1876.

Citons encore :

Dans la juridiction de Halle-sur-la-Saale, un règlement de la mine royale de Wettin, pour les régions atteintes par le grisou, visant les §§ 196 et 197 de la loi des mines du 24 juin 1865 et l'ordonnance de police (le règlement général) du 15 juillet 1873, ledit règlement daté du 6 mars 1875;

Dans la juridiction de Dormund, un règlement du 11 février 1876, pour la mine de Frédéric-le-Grand, visant les §§ 196 et 198 de la loi du 26 juin 1865 (ce dernier règlement, pris en vertu du § 198 de la loi, mentionne que les représentants de la compagnie ont été entendus, comme le prévoit ce paragraphe).

1° RÈGLEMENT PARTICULIER DE LA MINE DE DUTTWEILER-JÄGERSFREUDE.

Le § 1 prescrit d'une manière générale l'emploi des lampes de sûreté, les lampes à feu nu ne pouvant être autorisées que par une permission expresse de l'inspecteur des mines pour certains travaux et certains quartiers.

Il désigne comme devant être employé, en règle générale, le type des lampes Mueseler en usage dans le district de Saarbruck ; l'inspecteur des mines peut toutefois autoriser l'usage d'autres lampes pour tout ou partie du personnel, et notamment pour les surveillants.

Le § 2 explique minutieusement la manière dont la visite doit être faite chaque jour.

Les voies principales et galeries dites de traçage sont visitées par des surveillants spéciaux de l'aérage *wettermänner*.

Si l'on trouve sur un point une accumulation de grisou signalée par l'allongement de la flamme de la lampe jusqu'à l'extrémité supérieure du tamis, l'accès de ce point doit être défendu par une croix en bois solide, et le maître mineur est averti, etc...

Les jours ouvrables qui suivent les dimanches et fêtes, les ouvriers ne doivent pas entrer dans la mine avant que les surveillants aient fait leur rapport.

La visite des galeries dites de dépilage est faite par les chefs de brigades d'ouvriers ou par un surveillant de confiance désigné par le maître-mineur. L'entrée des chantiers est également défendue par une croix en bois, en cas de rencontre d'une accumulation de grisou et le maître-mineur est averti.

Les chantiers habituellement en activité, mais où le travail est momentanément suspendu, sont exclus de la prochaine visite ordinaire, mais sont visités par un ouvrier de confiance, que le maître-mineur désigne dans chaque poste pour y observer l'état de l'aérage. La constatation d'accumulations un peu fortes de grisou donne lieu à des mesures semblables à celles précédemment indiquées.

Le § 3 se rapporte au mode de désignation des quartiers ou des chantiers dans lesquels ne doivent être introduites que des lampes de sûreté, lorsque l'usage de la lampe à feu nu est autorisé dans une partie de la mine. La désignation est faite par deux croix blanches bien apparentes, peintes sur les parois latérales des galeries.

Le § 4 explique les détails de la surveillance et de l'entretien des lampes de sûreté.

Les lampes, allumées et fermées par les ouvriers eux-mêmes, doivent être vérifiées avant l'entrée dans la mine, par le maître-mineur, auquel chaque ouvrier montre sa lampe à l'appel de son nom.

Il est interdit aux mineurs d'avoir avec eux des clefs ou autres instruments pouvant servir à ouvrir les lampes, des pipes, briquets (sauf ceux en acier avec silex et amadou).

La clef dont ils ont à se servir pour fermer leur lampe, à l'appel de leur nom, est accrochée à une chaîne dans la salle d'appel.

Le § 5 se rapporte au rallumage des lampes qui viennent à s'éteindre dans les travaux. Ce rallumage doit se faire en des points choisis parmi ceux où le courant d'air est faible et où le grisou n'est pas à craindre. Des lampes à feu nu, dites lampes éternelles, y sont placées à demeure, et près de ces lampes doit se trouver, suspendue à une chaîne, une clef destinée à l'ouverture et à la fermeture des lampes de sûreté ; ou bien le soin du rallumage est confié à des ouvriers spéciaux de confiance munis de lampes à feu nu.

Les instructions d'usage sont données aux ouvriers pour le mode d'extinction des lampes qu'une venue subite de grisou, une altération du tamis ou toute autre cause force d'éteindre.

Le § 6 contient encore des recommandations sur les précautions que demande l'usage des lampes de sûreté, sur les soins à prendre pour les porter et les poser ou les accrocher, de manière à ne point les exposer à des chocs ou à des courants d'air trop rapides. ou enfin de manière à éviter que la flamme ne vienne rencontrer obliquement l'enveloppe de verre.

Le même paragraphe renferme en même temps des instructions pour le tirage à la poudre.

Dans les chantiers où l'on n'a encore rencontré que peu de grisou, ou qui en sont ordinairement exempts, le gouverneur (maître-mineur) peut confier au chef de poste, ou à un mineur expérimenté, le soin de faire la visite préalable du chantier avant l'allumage des coups et même de commander cet allumage. Dans les autres, le maître mineur doit indiquer lui-même s'il est permis ou non de tirer à la poudre, et prendre des mesures spéciales, pour ce tirage.

L'allumage ne doit avoir lieu qu'après élimination de toute trace de grisou, et il doit être opéré exclusivement avec des engins ne donnant pas de flamme.

Le § 7 est relatif à l'affichage du règlement et aux pénalités.

2° RÈGLEMENT DE LA MINE DE FRÉDÉRIC-LE-GRAND.

Le règlement particulier de la mine de Frédéric-le-Grand, désigné sous le nom d'ordonnance de police (il est pris, comme nous l'avons vu, en vertu du § 198 de la loi des mines), présente des dispositions analogues à celles du règlement précédent. Il est divisé également en paragraphes traitant successivement :

De la prescription de l'emploi des lampes de sûreté (§ 1);

De la visite de la mine (§ 2);

De la désignation des quartiers dont l'accès est interdit, même avec des lampes de sûreté (§ 3);

De l'entretien et de la surveillance des lampes de sûreté à l'atelier de lampisterie et à l'intérieur de la mine (§ 4);

Du rallumage des lampes éteintes; des précautions à prendre pour l'extinction de ces lampes en cas de danger (§ 5);

Des précautions à prendre dans l'usage des lampes de sûreté (§ 6);

Enfin, des mesures concernant le tirage à la poudre (§ 7),

(Les §§ 8 et 9 sont relatifs à l'affichage, aux pénalités, etc.).

On trouve, pour certains paragraphes, plus de détails encore que dans le règlement précédent, et certaines dispositions spéciales.

Le 1ᵉʳ paragraphe prescrit, en règle générale, l'usage des lampes de sûreté pour le parcours des ouvrages souterrains et leur emploi exclusif, en particulier, pour le travail sur tous les points où la présence du grisou a été constatée. Les lampes à feu nu sont toutefois tolérées, moyennant une permission spéciale, pour les approfondissements et réparations de puits, et dans certaines galeries principales parcourues par le courant d'air frais avant sa subdivision (*).

Le § 2, relatif aux visites préalables de la mine par les surveillants spéciaux de l'aérage et du grisou *«wettermänner»*, demande, par une disposition qu'on ne trouve pas dans le règlement précédent, l'affichage d'un tableau où sont consignés les résultats des visites en un point où les ouvriers doivent passer en allant à leur travail, et il enjoint aux ouvriers de prendre connaissance de ce tableau avant de se rendre à leur poste.

(*) Le type des lampes à employer n'est pas désigné comme dans le règlement de Duttweiler Jägersfreude; toutefois, le paragraphe relatif aux précautions à prendre dans le maniement de ces lampes recommande aussi de ne pas les incliner, de crainte que la flamme dirigée obliquement contre le verre ne vienne à le casser, ce qui suppose que ces lampes ont au moins une enveloppe de verre; mais il y a, comme on sait, plus d'un système différent du système Mueseler, muni d'enveloppes pareilles.

Les ouvriers ont aussi à faire eux-mêmes la vérification de l'état des travaux, en ce sens que le premier ouvrier d'une brigade qui arrive à son chantier doit examiner l'état de ce chantier et, s'il constate la présence du grisou, en barrer l'accès par des bois en croix et prévenir le chef-mineur. Cette observation de l'état des chantiers doit être faite même pendant le travail, et, en cas d'accumulation de grisou, les ouvriers doivent le quitter, en barrer également l'accès et prévenir le chef-mineur.

Les chantiers habituellement en activité qu'on a dû ainsi quitter pendant le travail sont exclus de la prochaine visite. Ils doivent néanmoins, dans la suite, être vérifiés comme les autres et, si l'on y constate une accumulation de grisou, ils doivent être barricadés.

Enfin, le même paragraphe prescrit l'observation, à des heures déterminées de la journée, de la hauteur barométrique, de la température et des circonstances atmosphériques. Les circonstances d'apparition du grisou dans les chantiers doivent être consignées sur la note de ces observations.

Quand la hauteur barométrique subit des variations notables, le directeur de l'exploitation doit prescrire les précautions à prendre, et notamment recommander aux surveillants *wettermanner* et au maître-mineur des soins particuliers dans leur visite.

Le § 3 donne des instructions détaillées sur la désignation des points dont l'accès doit être interdit, même avec des lampes de sûreté, à raison de l'abondance du grisou, jusqu'à ce que les travaux aient été purgés et que la disparition de tout danger ait été constatée.

Tout le personnel doit, d'ailleurs, quitter le travail lorsqu'une irrégularité persistante ou un arrêt est signalé dans la ventilation.

Le § 4, concernant l'entretien et la surveillance des lampes de sûreté, renferme à peu près les mêmes dispositions que dans le règlement du Duttweiler Jägersfreude, avec des détails plus minutieux sur les devoirs du lampiste. C'est ce lampiste, ou un employé spécial, qui remet ici aux mineurs les lampes allumées et fermées, et les reprend à la fin du poste.

Les dispositions prévues par le § 5 pour le rallumage des lampes qui viennent à s'éteindre dans les travaux sont encore analogues à celles du précédent règlement : des points de rallumage sont désignés dans la mine; les clefs, pour l'ouverture et la fermeture des lampes, ne peuvent être confiées qu'aux employés, aux enchaîneurs, aux surveillants du grisou, ou enfin à des ouvriers spéciaux.

On trouve les mêmes recommandations que dans le règlement

de Duttweiler Jagersfreud pour les précautions à prendre lorsque les lampes doivent être volontairement éteintes, par suite d'une arrivée subite de grisou ou de quelque altération de la toile métallique, etc.

Le § 6 donne des recommandations analogues à celles du paragraphe correspondant du règlement de Duttweiler Jagersfreud pour les précautions à prendre dans le maniement des lampes de sûreté.

On y a renouvelé l'interdiction des lampes à feu nu en l'absence d'autorisation spéciale, et celle de l'introduction de pipes, de tabac et de briquets autres que ceux d'acier avec pierre et amadou.

Le tirage à la poudre fait ici l'objet d'un paragraphe spécial numéroté 7.

Les quartiers où le tirage à la poudre est autorisé doivent être indiqués par des affiches apposées à l'entrée de la mine. On retrouve, d'ailleurs, les recommandations du règlement de Duttweiler Jagersfreud.

Comme les règlements anglais, ces règlements généraux et particuliers de la Prusse ne contiennent pas, ainsi qu'on peut le remarquer, de dispositions relatives à l'organisation de l'aérage et aux précautions que peut demander le danger des poussières.

RÉGIME BELGE.

RÈGLEMENTS GÉNÉRAUX.

Les dispositions de la loi française du 21 avril 1810 et celles du décret, également français, du 3 janvier 1813, sont applicables à la police des mines en Belgique ; mais nous avons à citer ici des règlements spéciaux très importants.

ARRÊTÉ ROYAL DU 1er MAI 1850.

Un arrêté royal du 1er mai 1850, modifié par un autre du 8 avril 1858, a réglementé d'une manière générale, sous le nom de règlement général, l'aérage, l'éclairage et le tirage à la poudre.

Le chapitre 1er de ce règlement prescrit, d'une manière générale, les mesures à prendre pour l'aérage dans toutes les exploitations (*).

DISPOSITIONS GÉNÉRALES RELATIVES A L'AÉRAGE.

Dans toute exploitation, l'assainissement de tous les points des travaux accessibles aux ouvriers doit être assuré par un courant actif et régulier d'air pur.

La vitesse et l'abondance du courant, ainsi que la section des galeries, doivent être réglées en raison du nombre des ouvriers, de l'étendue des travaux et des émanations naturelles de la mine (art. 1er).

La ventilation doit être déterminée et entretenue par des moyens efficaces et exempts de tout danger (art. 2).

Tout courant d'air notablement vicié par des gaz délétères ou inflammables doit être soigneusement écarté d'un atelier quelconque et des voies fréquentées.

L'étendue des divers ateliers est limitée, au besoin, de manière à soustraire les ouvriers placés sur le retour du courant aux effets nuisibles d'une trop grande altération de l'air (art. 3).

Les remblais à établir doivent être aussi serrés et aussi imperméables que possible (art. 4).

Ces remblais doivent suivre, à une petite distance, les fronts de travaux (tailles), de manière à empêcher, vers ces points, le ralentissement du courant d'air et la stagnation des gaz nuisibles (art 5).

Les travaux doivent être disposés de manière à se passer autant que possible de portes pour diriger ou partager le courant d'air.

Toute porte destinée à la répartition de l'aérage sera munie d'un guichet dont l'ouverture sera réglée en raison des besoins.

L'usage des portes multiples convenablement espacées est de rigueur dans les voies où elles doivent être ouvertes fréquemment pour le service (art. 6).

Le chapitre II s'applique spécialement aux mines à grisou. Il comprend trois sous-chapitres se rapportant respectivement à l'aérage, à l'éclairage et au tirage à la poudre.

(*) Les dispositions du règlement belge ont une concision que n'ont pas celles des règlements d'Angleterre et de Prusse ; on peut les reproduire presque textuellement.

DISPOSITIONS SPÉCIALES RELATIVES AUX MINES A GRISOU.

Aérage.

L'exploitation doit avoir lieu, autant que possible, par tranches entreprises successivement en descendant.

Sauf les exceptions autorisées par l'administration, l'ensemble et toutes les parties des travaux doivent être disposés de manière à ne pas forcer à descendre un air plus ou moins chargé de gaz (art. 7).

La sortie de l'air aura lieu par un puits spécial exclusivement affecté à cet usage et isolé des autres puits par un massif de roche suffisant.

L'appel y sera provoqué soit par des moyens mécaniques, soit par échauffement, à l'exclusion des *toque-feux* ou foyers alimentés par l'air sortant de la mine.

Le grisou qui sort ainsi de la mine doit être éloigné de tout foyer (art. 8).

Les voies d'entrée et de retour de l'air seront séparées par des massifs assez épais pour qu'une explosion ne puisse les endommager (art. 9).

Les royons et kernès ne sont tolérés qu'exceptionnellement et seulement pour des travaux préparatoires et de reconnaissance (art. 10).

Éclairage.

L'emploi des lampes de sûreté, admises par l'administration des mines, est obligatoire pour les houillères à grisou (art. 11).

Les lampes de sûreté doivent fermer à clef. Elles restent à l'établissement, où des ouvriers spéciaux sont chargés de les visiter, nettoyer et maintenir en bon état (art. 12).

Au moment de la descente, la lampe est remise à chaque ouvrier ; celui-ci est tenu de s'assurer qu'elle est fermée à clef (art. 13).

Il est expressément défendu d'ouvrir les lampes dans les travaux. Celles qui viennent à s'éteindre doivent être renvoyées fermées, soit à la surface, soit en quelque point désigné à l'intérieur, où elles seront visitées, rallumées et refermées à clef par des préposés spéciaux (art. 14).

Lorsque le grisou apparaît, dans une taille ou dans une galerie, en assez grande quantité pour déterminer un allongement soutenu de la flamme des lampes, le travail doit y être immédiatement suspendu jusqu'à ce que le danger ait cessé (art. 15).

Emploi de la poudre.

L'usage de la poudre est interdit pour l'abatage de la houille dans les couches à grisou, sauf les exceptions préalablement admises par l'administration (art. 16).

L'emploi n'en est toléré pour les travaux au rocher que sous réserve expresse des conditions ci-après :

1° De n'employer, pour mettre le feu à la poudre, aucune substance susceptible de brûler avec flamme ;

2° De ne faire sauter la mine que dans les moments où il y a relativement peu d'ouvriers dans les travaux avoisinants, et après s'être assuré, par l'inspection de la flamme des lampes, qu'il n'y a pas de gaz inflammable dans l'air ambiant;

3° De désigner, pour l'office de boute-feu, des mineurs expérimentés, et préalablement exercés à cette fonction ;

4° D'attendre, pour mettre le feu à une ou plusieurs mines, l'ordre de celui des surveillants mentionnés au chapitre III, qui aura mission de s'assurer, au préalable, que toutes les conditions voulues sont observées (art. 17).

Le chapitre III se rapporte à la *surveillance*, aux *dispositions d'ordre* et aux *pénalités*.

Surveillance.

Il doit y avoir dans chaque exploitation, notamment dans les mines à grisou, indépendamment des maîtres-ouvriers (*porions*), un nombre déterminé de mineurs-surveillants, spécialement chargés des détails de la surveillance journalière des moyens d'aérage et d'éclairage, ainsi que du travail à la poudre.

Le nombre de ces surveillants est fixé par les ingénieurs des mines d'après l'étendue des travaux, la nature et l'abondance du gaz et le degré de sécurité que présente la ventilation (art. 18).

Les surveillants, ainsi que les boute-feu, doivent être désignés comme tels sur le contrôle des ouvriers.

Les premiers ne peuvent être intéressés dans les travaux dont la surveillance leur est confiée (art. 19).

Les mineurs surveillants ont mission, chacun dans les parties qui leur sont assignées :

De visiter et faire entretenir les voies d'aérage ; de surveiller le tirage à la poudre ; de ne permettre l'accès du travail aux ouvriers qu'après s'être assurés que l'air y est pur, que la ventilation est suffisamment active, que tout est en ordre et qu'il n'existe aucune cause saisissable de danger ;

De maintenir, pendant toute la durée du travail, une police dans les tailles et dans les voies les plus fréquentées en ce qui concerne le maniement des lampes, l'abatage et le dépôt des produits de l'extraction, la manœuvre des portes, en un mot tout ce qui concerne l'efficacité de l'aérage et la sécurité de l'éclairage ;

De signaler les auteurs de toute infraction aux règles de la prudence et de la subordination, les ouvriers qui seraient porteurs d'une pipe, d'un briquet ou de quelque autre matière propre à se procurer du feu dans les travaux où l'emploi des lampes de sûreté est obligatoire.;

De faire cesser le travail de tout atelier exposé à la présence de gaz inflammables et de diriger prudemment la retraite des ouvriers (art. 20).

Les ingénieurs doivent veiller à l'observation rigoureuse des dispositions qui précèdent et aider, au besoin, les exploitants de leurs conseils.

Ils consignent, le cas échéant, leurs prescriptions sur un registre spécial, remplaçant pour cet objet le registre d'avancement mentionné à l'article 6 du décret du 3 janvier 1813. Ils inscrivent sur ce registre le résultat de leurs observations (art. 21).

En cas de réclamations, les députations permanentes des conseils provinciaux peuvent accorder des délais ou des dispenses conditionnelles (art. 22).

L'article 23 renvoie au titre X de la loi de 1810 pour la poursuite et la répression des contraventions.

ARRÊTÉ ROYAL DU 17 JUIN 1876 PORTANT RÈGLEMENT POUR L'ÉCLAIRAGE DES MINES A GRISOU.

Un autre arrêté royal, du 17 juin 1876, portant également le nom de règlement général, règle aujourd'hui *l'éclairage des mines à grisou* d'une manière plus spéciale.

L'article 1er rend obligatoire, pour l'éclairage des mines à grisou, l'emploi du type de lampe Mueseler, alimentée à l'huile végétale, dont les dispositions et le dessin sont donnés dans une instruction annexée audit arrêté. Il permet, cependant, d'apporter au modèle type certaines modifications indiquées dans la même instruction.

Aux termes de l'article 2, aucun autre appareil ou mode d'éclairage ne peut être toléré sans une autorisation préalable du ministre des travaux publics, sauf les exceptions suivantes :

Les agents préposés à la surveillance des travaux, et qui ne sont pas employés comme ouvriers, peuvent faire usage d'une lampe dite Mueseler-Godin, à verre intérieur, supporté par un appendice non isolant.

Pour l'éclairage fixe des puits et des chargeages aérés par de l'air pur venant directement de la surface, les ingénieurs des mines peuvent tolérer l'emploi des lampes du système Mueseler de format plus grand que le type, alimentées par l'huile végétale (*).

Les ingénieurs en chef des mines peuvent, dans chaque cas particulier, permettre, à titre provisoire, et seulement aux chefs-mineurs, porions et mineurs surveillants, l'emploi de la lampe dite *de porion*, dans ses dimensions ordinaires, confectionnée avec une double toile de 225 mailles au moins par centimètre carré, le fil métallique ayant un quart de millimètre au minimum (**).

L'article 3 reproduit à peu près les dispositions de l'article 12 du règlement précédent de 1850, en chargeant des agents spéciaux de veiller à ce que chaque lampe soit conforme aux types admis ou tolérés. Ces agents doivent visiter eux-mêmes les lampes et les faire nettoyer et maintenir chaque jour en bon état par des ouvriers expérimentés.

L'article 4 est exactement conforme à l'article 13 du même règlement.

Les articles 5 et 6 reproduisent les dispositions de son article 14 : le deuxième, pour la défense d'ouvrir les lampes ailleurs que sur les points désignés par l'administration ; le premier, pour le rallumage de celles qui viennent à s'éteindre, en ajoutant que la visite le rallumage et la fermeture de ces lampes, après ce rallumage, sont faits sous la surveillance et la direction des maîtres-ouvriers et des porions ; que les points de rallumage sont désignés à la diligence des ingénieurs en chef par les ingénieurs principaux, au moyen d'inscriptions sur les registres d'ordre prévus par l'article 21 du règlement ci-dessus de 1850.

Aux termes de l'article 7, tout ouvrier porteur d'une lampe non fermée à clef ou d'un instrument quelconque au moyen duquel sa lampe peut être ouverte est immédiatement signalé, soit à des gardes spéciaux *dûment assermentés* (***), soit aux officiers

---

(*) Voir plus loin les détails relatifs aux divers types de lampes, d'après l'instruction.

(**) Au lieu d'un tiers de millimètre de diamètre et de 144 mailles au centimètre carré demandés par l'instruction pour la lampe réglementaire, ainsi qu'on le verra plus loin.

(***) Cette institution de gardes assermentés est à remarquer.

des mines, soit à la police locale, pour que procès-verbal soit dressé à sa charge.

L'article 8 porte défense de fumer dans les mines et spécifie que tout ouvrier porteur d'une pipe, d'un briquet, d'une allumette ou de quelque autre objet propre à se procurer du feu, est signalé comme il est dit à l'article précédent.

Aux termes de l'article 9 la désignation des mines à grisou a lieu conformément à ce qui est dit au deuxième paragraphe de l'article 5 pour les lampes à rallumer.

L'article 10 est la reproduction exacte de l'article 15 du règlement de 1850.

L'article 11, analogue à l'article 22 de ce dernier règlement, s'applique aux réclamations, en spécifiant que les députations permanentes du conseil provincial statuent, après avoir pris l'avis de l'ingénieur en chef des mines; que les recours contre les décisions de ce collège, soit de la part des ingénieurs de l'État, soit de la part des exploitants, sont adressés au ministre des travaux publics.

L'article 12 renvoie à l'instruction annexée au règlement, pour les dimensions et formes des parties essentielles des systèmes de lampes admis ou tolérés, et annonce qu'une lampe type de chacun de ces systèmes est déposée au département des travaux publics, ainsi que dans chaque direction et arrondissement de mines; qu'un nombre convenable de compte-fils et de jauges, pour servir à la vérification des tissus métalliques, sera mis également à la disposition des officiers des mines.

Les autres articles s'appliquent à la constatation, à la poursuite et au jugement des contraventions, qui doivent avoir lieu suivant le titre X de la loi du 21 avril 1810; à l'affichage du nouveau règlement et à l'abrogation des dispositions relatives à l'éclairage des mines contenues dans des règlements antérieurs.

INSTRUCTION ANNEXÉE A L'ARRÊTÉ ROYAL DE 1876.

L'instruction annexée à l'arrêté royal du 27 juin 1876 donne, dans ses trois premiers paragraphes, en renvoyant à des dessins, la forme et les dimensions des systèmes de lampes prescrits ou tolérés.

Un dessin n° 1 se rapporte à la lampe type généralement adoptée dans le bassin de Liège (*).

(*) Formes et dimensions des parties essentielles :
A. Verre : Manchon cylindrique garni à ses bouts de douilles d'armatures mé-

Un dessin n° 2 (modèle habituellement employé dans le bassin du Hainaut) fixe les tolérances admises dans les dimensions réglementaires, en vue de restreindre les difficultés que présente, dans la pratique, l'observation rigoureuse de ces dimensions, tolérances, du reste, extrêmement resserrées (*).

Un dessin n° 3 donne la représentation d'un modèle de la lampe dite Mueseler-Godin, pour les agents de la surveillance (**).

---

talliques, la douille supérieure recouvrant le bord de la toile horizontale :

Diamètre extérieur	60 millimètres.
Épaisseur	5 1/2 —
Hauteur, y compris la douille inférieure, au plus	62 —

B. Cheminée intérieure en tôle : tube conique évasé en pavillon à la base.

Diamètre intérieur au sommet, au plus.	10 millimètres.
— — à la base, au plus. .	30 —
— — à la naissance de l'évasement, au plus.	25 —
Hauteur de la partie de cheminée au-dessus de la toile horizontale.	90 —
Hauteur de la partie de cheminée au-dessous de la toile horizontale, compris l'évasement en pavillon à la base. . .	27 —
Hauteur de l'évasement en pavillon à la base.	6 —
Distance de la base de la cheminée au sommet du porte-mèche.	22 —

C. Chapeau en tissu métallique : enveloppe fermée, de forme à peu près cylindrique, surmontant le verre :

Hauteur	109 millimètres.

D. Tissus métalliques (du chapeau et de la toile horizontale), fabriqués avec du fil d'un tiers de millimètre au moins de diamètre, et présentant, au minimum, 144 mailles au centimètre carré.

(*) Dimension pour le modèle dessin n° 2 :

A. Pour le diamètre extérieur du verre, 1 millimètre en plus ou en moins.

B. Pour l'épaisseur des parois du verre 1/2 millimètre en moins ou 2 en plus.

C. Pour la longueur de chacune des parties de la cheminée, à compter de la toile horizontale, ainsi que pour la distance qui sépare la base de la cheminée du sommet du porte-mèche, 2 millimètres en plus ou en moins.

D. Suppression de l'évasement en forme de pavillon à la base de la cheminée, le diamètre inférieur ne pouvant, dans ce cas, dépasser 26 millimètres.

E. Pour la hauteur du chapeau en tissu métallique, 4 millimètres en plus ou en moins.

F. Réduction du diamètre du fil des tissus métalliques jusqu'à 1/4 de millimètre, lorsque le nombre des mailles atteint ou dépasse 225 au centimètre carré.

(**) Le verre intérieur qui entoure la mèche repose sur de simples appendices disposés autour du porte-mèche, et pénètre à frottement, par sa partie supérieure, dans la cheminée en tôle de la lampe.

L'interposition de ce verre intérieur fait admettre une distance notablement

Un dessin n° 4 est celui de la lampe Mueseler grand format, pour l'éclairage fixe des puits, etc. (*)

Outre les dispositions précédentes, l'administration recommande dans un 4ᵉ paragraphe :

A. La réduction du diamètre de la cheminée à son sommet.

B. L'emploi du cône en tissu métallique serrant la cheminée à certaine hauteur au dessus de la toile horizontale, et s'appliquant par son bord inférieur sur le pourtour de cette toile (disposition Joassin, figurée dans des dessins 5 et 6).

C. L'isolement de la mèche à l'intérieur de la lampe par le cône Godin en tissu métallique, prenant naissance entre le verre et la douille inférieure et pénétrant à frottement dans la cheminée en tôle (disposition figurée dans un dessin n° 7).

D. L'isolement de la mèche par un verre intérieur dont le bord inférieur s'emboîte dans une galerie isolante en tissu métallique, et dont la partie supérieure pénètre dans la cheminée en tôle recoupée à sa base, c'est à dire sans évasement à cette base (disposition Arnould et Godin, figurée dans un dessin n° 8) (**).

---

supérieure entre la base de la cheminée et le sommet du porte-mèche. Cette distance n'est pas indiquée dans le texte de l'instruction; mais, d'après le dessin qui y est joint, elle serait augmentée des 7/10 environ ; elle serait portée de 22 à 38 millimètres, avec suppression de l'évasement de la base de la cheminée comme dans la lampe modèle n° 2. En même temps, le diamètre de la cheminée au sommet est légèrement réduit.

(*) Dimensions pour la lampe Mueseler grand format :

    A. Verre cylindrique :
       Diamètre intérieur . . . . 60 à 70 millimètres.
       Épaisseur . . . . 5 ½ à 8   —
       Hauteur, au plus. 100   —
    B. Cheminée conique :
       Diamètre au sommet. 15   —
       A la base, au plus. 35   —

Hauteur de la partie au-dessus de la toile horizontale, au moins 90 millimètres, lorsque la moyenne des diamètres au sommet et à la base ne dépasse pas 20 millimètres, et 10 millimètres d'augmentation pour chaque millimètre en plus qu'aurait cette moyenne.

Hauteur de la partie au-dessus de la toile horizontale au moins égale à la moitié de la distance de ladite toile au sommet du porte-mèche.

    C. Tissus métalliques.

Mêmes tissus que pour les lampes de format ordinaire.

(**) La réduction du diamètre de la cheminée au sommet augmente la sécurité de la lampe, surtout dans les courants inflammables animés d'une grande vitesse.

Il en est de même des dispositions B, types nᵒˢ 5 et 6 (disposition Joassin), l'addition de la deuxième toile formant un double diaphragme entre le compartiment de la lampe circonscrit par l'enveloppe de verre et le chapeau en tissu métallique. Ces dispositions sont conseillées dans des travaux vivement

Le § V de l'instruction se rapporte au danger des courants rapides et aux précautions à prendre contre ce danger.

Ces courants (rapides) sont surtout dangereux, dit l'instruction, lorsque leur action se manifeste par l'écrasement de la flamme sur la mèche. En effet, la sécurité relative de la lampe Mueseler ne dépend pas seulement de l'exiguïté de la section de la cheminée, notamment au sommet, ainsi que de la hauteur de cette pièce, mais encore elle gît essentiellement dans la régularité du tirage; aussi est-il à remarquer que, lorsque, par une cause quelconque, l'alimentation d'air vient à se renverser à l'intérieur de la lampe, circonstance qui se dénote par l'écrasement de la flamme sous la cheminée, l'inflammation du gaz se propage avec la plus grande facilité dans le chapeau supérieur.

Les agents responsables des charbonnages doivent veiller à ce que les ouvriers manient les lampes avec prudence, sans les exposer ni à des chocs ni à des balancements désordonnés.

Elles seront tenues, autant que possible, à l'abri des courants rapides, notamment des courants produisant une forte vacillation de la flamme (*).

---

aérés et donnant lieu à beaucoup de poussière. La disposition C, comme la disposition D (à flamme isolée dans l'intérieur de l'enveloppe de verre), se recommande, d'un autre côté, dans certains travaux dangereux, notamment lorsqu'on peut craindre l'éventualité du bris de cette enveloppe.

Le type D est une lampe de porion ou agent de surveillance, dans laquelle le verre intérieur s'emboîte par le bas sur une galerie isolante, au lieu de reposer sur de simples appendices disposés autour du porte-mèche, comme dans la lampe indiquée au § 3 de l'instruction. On remarque dans ce type D une augmentation de distance entre la base de la cheminée et la mèche comme dans cette lampe du § 3, et, en même temps, une petite réduction du diamètre de la cheminée à son sommet. Cette réduction existe aussi pour les dispositions B et C.

(*) On pourrait citer comme confirmant les observations contenues dans ce paragraphe de l'instruction belge un accident récent (du 17 décembre 1878) arrivé dans les travaux du puits de Robiac, concession de Robiac et Meyranne (Gard), où un ouvrier, muni d'une lampe Mueseler, a été légèrement brûlé par une inflammation de grisou.

D'après l'enquête qui a été faite sur cet accident, l'ouvrier dont il s'agit cherchait à évacuer du grisou logé à l'avancement d'une galerie au charbon, dans une sorte de cloche due au renflement de la couche, qu'on entamait sur toute sa puissance, et au havage pratiqué au front de taille vers le toit de cette couche. Un coup de mine, qui devait être tiré à 5 mètres en arrière pour aplanir le sol de la galerie et poser la voie, était chargé et prêt à être allumé, et un deuxième ouvrier, associé du précédent, se tenait auprès, attendant l'évacuation du gaz.

Après avoir accroché sa lampe à la partie supérieure des piquets qui formaient l'extrémité du galandage ou cloison établie dans la galerie pour conduire l'air à l'avancement, et qui n'était qu'à $0^m,80$ de cet avancement, le pre-

Enfin l'instruction insiste, d'après la Commission belge, dans un 6ᵉ et dernier paragraphe, sur ce point essentiel que la lampe Mueseler, bien supérieure à la lampe Davy et autres appareils du même genre, ne peut offrir, cependant, comme toute lampe dite de sûreté, qu'une sécurité relative; elle n'est donc, en définitive, qu'un appareil auxiliaire, mais nécessaire pour compléter, dans les mines à grisou, un état de sécurité qui doit dépendre principalement d'une ventilation active et d'une bonne disposition de travaux.

Elle termine en recommandant la constatation des variations dans la température de l'air à la surface et dans la pression atmosphérique, variations qui peuvent exercer une influence désastreuse sur cette sécurité. Les officiers des mines désigneront les points où des baromètres et des thermomètres seront placés à demeure et indiqueront les observations à recueillir chaque jour.

Il existait en Belgique un certain nombre de règlements provinciaux antérieurs à ceux qui viennent d'être cités. Mais ces règlements ne concernent pas, en général, le danger du grisou, sauf dans les dispositions de deux d'entre eux, relatives à l'aérage, et ces dernières dispositions ont été grandement modifiées, en même temps que développées, dans l'arrêté royal de 1850 (*).

---

mier ouvrier avait quitté son gilet pour le secouer vivement au front de taille. Ce mouvement brusque d'agitation aurait déterminé la sortie de la flamme de sa lampe et l'inflammation d'une petite quantité de grisou en dehors. Son camarade aperçut à peine la flamme et n'entendit aucune explosion.

L'accident n'a eu pour témoins que ces deux ouvriers; mais la narration qu'ils en ont faite sur le moment et qui a ensuite été renouvelée n'a jamais varié. Les deux lampes examinées sur les lieux, immédiatement après, ont été trouvées en bon état et fermées à clef.

Frappé des circonstances de cette inflammation de grisou, j'avais provoqué l'envoi à Paris de la lampe qui l'a produite, pour reconnaître s'il ne s'agissait pas d'un type défectueux. Cette lampe a été trouvée de construction irréprochable et en bon état.

C'est avec toute raison que l'instruction belge met en garde contre une confiance trop absolue, même à l'égard des lampes réputées les plus sûres et recommande des précautions minutieuses dans leur maniement. Des manœuvres telles que celles dont il s'agit ici doivent toujours être proscrites au voisinage mmédiat de lampes comme essentiellement dangereuses.

(*) Un règlement spécial de la province de Hainaut, en date du 21 juillet 1841, adopté par le conseil provincial et approuvé par arrêté royal du 11 août même année, se bornait, dans le titre VII (art. 24), à prescrire d'aérer toujours convenablement l'intérieur des mines, d'opérer les remblais de manière à éviter toute déperdition de l'air; enfin de donner aux conduites d'aérage des dimensions proportionnées au développement des travaux et à la quantité de tailles en activité.

Aux termes de l'article 25, pour chaque bure d'exploitation, un maître-

On a pu voir que cet arrêté de 1850 et celui de 1876 sur l'éclairage donnent une règlementation très détaillée pour les mines à grisou ; l'instruction annexée à l'arrêté de 1876 contient elle-même des recommandations très circonstanciées qui ressemblent à celles des ordres de service ou règlements particuliers d'Angleterre et de Prusse. Mais, comme dans ces derniers règlements particuliers, et comme dans les règlements généraux des mêmes pays, on n'y trouve pas de mesures de sûreté contre le danger des poussières charbonneuses. Des observations thermométriques et barométriques à la surface y sont prévues ; mais il n'y est aucunement question des conditions psychrométriques de l'air à l'intérieur des mines, de l'état des ouvrages souterrains au point de vue des poussières.

RÉGIME FRANÇAIS.

En France, il n'y a pas de règlement général législatif ou administratif : c'est au préfet qu'incombe le soin de faire les prescriptions que peut réclamer la sûreté de l'exploitation, en vertu des dispositions du titre V de la loi du 21 avril 1810, du décret du 3 janvier 1813 et de l'ordonnance royale du 26 mars 1843 (*), portant règlement d'administration publique pour l'exécution de l'article 50 de la loi de 1810. En ce qui concerne particulièrement le grisou, une instruction du directeur général des ponts et chaussées et des mines avait été publiée en 1824 sur l'emploi des lampes de sûreté. Cette instruction s'occupait aussi de l'aérage et des moyens de pénétrer sans danger dans les lieux méphitisés, en s'appliquant naturellement, par cette dernière partie, aux dispositions à prendre dans les sauvetages, à la suite des accidents d'explosion.

---

ouvrier était chargé spécialement de la surveillance journalière des moyens d'aérage et d'éclairage, ce maître-ouvrier devant s'assurer chaque jour, par une visite scrupuleuse, faite avant la descente des ouvriers, que l'air était suffisamment pur à l'intérieur et qu'il n'existait aucun danger.

Les exploitants avaient à faire connaître par écrit à l'administration les noms des surveillants.

Pour la province de Liège, un autre arrêté du ministre de l'intérieur, en date du 3 mars 1872, se bornait à prescrire par son article 13, que toute voie ou galerie dans laquelle l'exploitation serait suspendue et où l'air ne circulerait pas, fût condamnée et bouchée par un mur en pierres sèches, de manière à en interdire l'accès aux ouvriers de la mine.

(*) 1er volume de 1843, p. 900.

Une nouvelle instruction ministérielle, du 6 décembre 1872 (*), a rappelé les principales mesures de précaution nécessaires dans les mines à grisou, en traitant successivement :

De l'aérage (mode de ventilation, distribution du courant d'air et mesures d'ordre relatives à la surveillance de l'aérage);

Des lampes de sûreté;

Du tirage à la poudre;

De l'organisation générale de la surveillance;

Enfin *des mesures à prendre dans les sauvetages.*

Cette instruction peut servir de programme pour les divers règlements à préparer; on y trouve les principaux éléments de ces règlements.

Nombre d'arrêtés préfectoraux se rapportant particulièrement aux mines à grisou étaient déjà intervenus avant cette dernière instruction, en vertu de la loi de 1810, du décret de 1813 et de l'ordonnance de 1843; d'autres ont été pris depuis. Nous laissons de côté les avertissements, injonctions ou recommandations adressées de temps à autre à divers concessionnaires pour provoquer des dispositions ou mesures de précaution, en vue de dangers qui viennent à se révéler.

On peut citer :

Dans la Loire, pour le bassin de Saint-Étienne et Rive-de-Gier, des arrêtés remontant à 1825.

On en trouve un de cette date se rapportant particulièrement à Rive-de-Gier; un autre de 1833 étendant le précédent à tout le bassin; puis un règlement de 1835 ayant particulièrement en vue les mines de Méons et de Côte-Thiollière, dans la région de Saint-Étienne; enfin un règlement de 1858 sur le tirage à poudre dans les mines à grisou.

Dans la Loire-Inférieure, on trouve un arrêté de 1869 pour les mines de Montrelais et de Mouzeil, et un autre de 1870 pour la mine des Touches;

Dans l'Aveyron, un arrêté du 20 avril 1871 et des 4 et 20 juillet 1874 pour les mines de Rulhe et de Campagnac;

Dans le Cantal, un arrêté du 20 mars 1877 pour les mines de Champleix;

Dans la Haute-Loire, des arrêtés des 22 avril 1876, 19, 22 et 26 juin 1877 pour les mines de la Chalède, les Barthes, Marsanges et Grosmenil;

(*) Volume de 1872, p. 138.

Dans le Puy-de-Dôme, des arrêtés des 24 août 1875 et 15 mars 1877 pour les mines de Charbonnier et de la Combelle.

(Les arrêtés de ces trois derniers départements sont calqués en grande partie les uns sur les autres).

Mais les prescriptions administratives demandent à être développées dans des règlements particuliers, dans des règlements intérieurs qui, seuls, peuvent renfermer des détails suffisants pour régler toutes les mesures de précaution. Les règlements administratifs ne comportent bien que l'énonciation sommaire de mesures générales (*).

On trouve, en effet, depuis longtemps, dans un grand nombre

(*) On peut rappeler à ce sujet un précédent conforme à ces principes.

Le préfet de la Loire avait pris, en 1850, pour être appliqué à toutes les mines du bassin houiller, un arrêté formant un règlement très complet, qui embrassait les détails de l'exploitation. A la suite de réclamations d'un grand nombre d'exploitants, cet arrêté fut déféré à l'administration supérieure, qui reconnut qu'il n'y avait pas lieu de l'approuver. Le refus d'approbation se fondait sur les principales considérations suivantes :

S'il pouvait être utile de compléter les règlements existants, il ne s'ensuivait pas qu'il convînt de faire un règlement général qui (comme celui dont il s'agissait), prenant l'ouvrier à son entrée dans la mine, le suive dans tous les détails du travail jusqu'à la sortie. — Les arrêtés préfectoraux qui peuvent être pris suivant les prévisions du décret de 1813, en vue de dangers déterminés, et qui constituent ainsi des arrêtés spéciaux, n'excluent pas sans doute des règlements applicables à certains groupes de mines; mais de pareils règlements ne comportent qu'un petit nombre de dispositions et doivent être conçus en termes généraux; les conditions différentes dans lesquelles peuvent être placées les diverses mines demandent des dispositions différentes; il faut surtout distinguer les mesures qui sont du domaine de la réglementation de celles qui doivent être l'objet d'instructions rentrant dans des règlements intérieurs. — Les prescriptions administratives doivent, d'ailleurs, s'adresser spécialement aux concessionnaires. L'administration substituerait sa propre responsabilité à celle de ces concessionnaires en se substituant à eux pour diriger l'ouvrier.

On indiquait en même temps la teneur du règlement qui serait susceptible d'être approuvé, si le préfet persistait à penser qu'il y eût opportunité à refondre les anciens en les complétant. La formule de ce règlement embrassait les divers détails de l'exploitation dans quinze articles, dont quatre se rapportaient au grisou, en se bornant à prescrire :

La visite de la mine par le gouverneur chaque jour, avant la descente des ouvriers; cette visite devant être faite avec des lampes de sûreté;

L'interdiction de l'accès des ouvrages devenus inutiles pour l'exploitation;

L'emploi exclusif de lampes de sûreté pour tous les travaux sujets au grisou et l'interdiction d'y fumer; les mines non sujettes à grisou devant, elles-mêmes, être pourvues de quelques lampes de sûreté;

Enfin, la fermeture des lampes de sûreté au moyen de clefs dont disposeraient seuls les gouverneurs et les préposés à l'entretien de ces lampes, l'ouverture desdites lampes ne devant avoir lieu qu'au jour ou en des points de la mine reconnus exempts de grisou.

de nos houillères, des règlements intérieurs, des ordres de service, tantôt émanés de l'initiative des exploitants, et tantôt préparés par eux comme compléments de prescriptions préfectorales, d'autres fois provoqués par l'administration.

L'instruction de 1872 a particulièrement recommandé ces règlements particuliers intérieurs, sans préjudice des arrêtés généraux que les préfets restent maîtres de prendre. La circulaire ministérielle, jointe à cette instruction, rappelle expressément à ces magistrats que, dans le cas où les recommandations de l'administration resteraient sans effet, il leur appartient, aux termes de l'article 50 de la loi du 21 avril 1810, de prendre, sur la proposition des ingénieurs, les mesures que peut réclamer la sécurité.

Les règlements intérieurs qui nous occupent ici prévoient naturellement des peines disciplinaires, des amendes. Ils acquièrent, par l'approbation préfectorale, une sanction pénale devant les tribunaux de police judiciaire, même en l'absence d'accidents de personnes. Ils ont alors le caractère des règlements particuliers des mines anglaises et des mines allemandes; ils deviennent comparables aux règlements des compagnies de chemins de fer. Cette sanction pénale, qui est celle de l'article 95 de la loi du 21 avril 1810, est, on le comprend, d'une grande importance au point de vue de l'exemple.

C'est surtout pour la préparation de ces règlements intérieurs, que l'instruction de 1872 peut servir utilement de programme par les principes qu'elle développe au sujet des précautions à observer. Elle cite, d'ailleurs, à titre d'exemples, les dispositions adoptées dans un certain nombre de règlements déjà en vigueur.

On peut remarquer qu'elle appelle l'attention sur le danger que peuvent créer les poussières de charbon; tandis que tous les règlements administratifs, en France comme à l'étranger, étaient jusqu'alors muets sur ce point. Quelques mines venaient d'adopter certaines mesures de précaution contre ce danger, en particulier l'arrosage des galeries; l'instruction ne manque pas de les citer.

On peut remarquer aussi qu'elle s'occupe, comme l'avait fait, du reste déjà, l'instruction de 1824, des mesures à prendre à la suite des accidents d'explosion; qu'elle recommande expressément de pourvoir les mines d'appareils respiratoires de sauvetage, en prévision de ces accidents, tandis que les règlements étrangers sont également muets sur ces points.

ARRÊTÉS PRÉFECTORAUX.

Nous donnerons, comme exemple d'arrêtés préfectoraux réglementaires, celui du 26 juin 1877, portant règlement pour la concession de Grosménil (Haute-Loire), dont les principales dispositions se retrouvent dans divers autres du même département ou des départements voisins du Cantal et du Puy-de-Dôme, à quelques variantes près.

ARRÊTÉ PRÉFECTORAL RELATIF AUX MINES DE GROSMÉNIL.

(BASSIN DE BRASSAC.)

Les articles 1, 2, 3, 4 concernent l'éclairage.

L'article 1er prescrit l'emploi des lampes de sûreté exclusivemen à tout autre mode d'éclairage dans les travaux de..., ainsi que dans toute galerie où circulerait un courant d'air ayant passé dans les travaux.

Les lampes doivent être construites de manière que les ouvriers ne puissent les ouvrir eux-mêmes.

Par exception, l'accrochage, traversé par le courant d'air pur entrant dans la mine, pourra, à condition que le courant d'air ne sera jamais renversé, être éclairé par des lampes ordinaires solidement fixées, de façon que les ouvriers ne puissent les déplacer. Chaque enchaîneur sera, en outre, muni d'une lampe de sûreté.

Les mêmes précautions seront applicables à toute portion de mines de la concession où la présence du grisou viendrait à être constatée.

Aux termes de l'article 2, dans les quartiers de la mine où il n'y a pas de grisou, mais qui sont en libre communication avec ceux où il en existe, les exploitants devront prendre, sous leur responsabilité, toutes les mesures nécessaires pour empêcher les ouvriers porteurs de lampes à feu nu de pénétrer sur les points où la lampe de sûreté doit être employée.

Suivant l'article 3, les lampes de sûreté qui viendront à s'éteindre ne pourront être rallumées que dans le courant d'air vif, en avant des chantiers infectés, et par un maître-mineur ou par un des chefs de poste spécialement chargé de ce soin (*).

____

(*) Dans d'autres arrêtés, tels que ceux qui concernent Champleix (Cantal) et Charbonnier (Puy-de-Dôme), il est dit que le rallumage par un maître-mineur

L'article 4 dispose que chaque lampe de sûreté portera un numéro d'ordre et sera toujours confiée au même ouvrier.

Les nom et prénoms de celui-ci seront inscrits en regard du numéro de la lampe dans un registre tenu à la lampisterie.

Les lampes seront visitées tous les jours après le travail. Celles qui présenteraient des défauts seront immédiatement retirées du service.

Les articles 5 et 6 prévoient les visites périodiques de la mine, et l'interdiction des chantiers dangereux.

Tous les chantiers où le grisou marque doivent être visités au commencement de chaque poste, avant l'entrée des ouvriers, par les maîtres-mineurs ou chefs de poste.

Tous les lundis, ou lendemains de fêtes ou de chômage, les maîtres-mineurs ou chefs de poste doivent visiter tous les travaux, également avant l'entrée des ouvriers (art. 5).

Les chantiers abandonnés (*), ou ceux dont l'aérage n'est pas suffisamment actif pour écarter toute crainte de danger, doivent être interdits à la circulation par un obstacle effectif. On ne rentrera dans ces chantiers qu'après avoir pris toutes les mesures nécessaires pour le rétablissement d'une parfaite ventilation (art. 6).

Les articles 7 et 8 concernent la disposition des travaux au point de vue de l'aérage.

Le courant d'air doit avoir, dans son ensemble, une marche ascendante (art. 7).

Dans les quartiers où la présence du gaz est constatée, les galeries inclinées et ne participant pas suffisamment au courant d'air devront être, autant que possible, exécutées en descente (**). Dans les mêmes quartiers, les avancements en direction seront poussés à l'aide de deux galeries conjuguées (art. 8).

---

ou par un chef de poste spécialement chargé de ce soin, doit avoir lieu à l'accrochage ou en un point qui sera désigné par l'ingénieur dans la voie d'entrée d'air.

(*) Dans certains arrêtés, comme dans celui qui concerne les concessions de Charbonnier (Puy-de-Dôme), il est plus explicitement parlé des chantiers abandonnés, non parcourus par un courant d'air direct, qui restent plus de vingt-quatre heures sans être remblayés.

(**) Dans d'autres arrêtés, cette disposition vise des galeries de forte inclinaison et de grande longueur [arrêté concernant la concession de la Combelle (Puy-de-Dôme)].

Quelquefois, la longueur minimum, pour son application, est spécifiée. Les arrêtés de Charbonnier (Puy-de-Dôme), de Champleix (Cantal), de la Chalède (Haute-Loire) désignent des galeries de plus de 10 mètres de longueur.

L'article 9 règle les conditions du tirage à la poudre.

Dans les quartiers en question les coups de mines ne doivent être allumés que par un ouvrier spécial, et celui-ci doit vérifier au préalable l'état du chantier. Les coups de mines en couronne y sont absolument interdits.

L'article 10 prescrit aux exploitants d'avoir en leur possession un appareil permettant de pénétrer dans les milieux où manque l'air respirable. Cet appareil devra être toujours en état de fonctionner, et un nombre suffisant d'ouvriers seront exercés à s'en servir (*).

Enfin l'article 11 demande qu'une instruction pratique sur l'emploi des lampes de sûreté et sur les précautions à prendre suivant les circonstances soit affichée, ainsi que l'arrêté préfectoral lui-même, aux abords des puits et dans les bureaux (**).

Dans ce règlement et dans ceux qui ont été faits sur le même modèle, il n'est point question des moyens de ventilation. Dans d'autres, comme celui des mines de Campagnac, concession de Laverhne (Aveyron), arrêté préfectoral du 20 juillet 1874, il est prescrit aux exploitants, par l'article 1er, de pourvoir par une distribution méthodique des courants d'air naturel dont dispose l'exploitation, à ce que le grisou ne puisse s'accumuler en aucun point de la mine, et d'étudier, à cet effet, une disposition de portes régulatrices qui puisse forcer une branche du courant d'air frais d'un volume suffisant, à descendre dans les étages inférieurs ; l'article 2 prévoit, pour le cas où le courant ainsi déterminé serait insuffisant, l'obligation d'activer l'aérage par tel moyen de ventilation artificielle que de besoin.

D'autres arrêtés préfectoraux s'appliquant à des mesures spéciales ne constituent pas de véritables règlements. Nous ne nous y arrêtons pas.

ACTES ADMINISTRATIFS DIVERS RELATIFS A LA SURETÉ DES MINES.

D'un autre côté, on peut citer, indépendamment de ces actes administratifs portant des prescriptions fermes, plus d'une invitation ou recommandation particulière adressée aux exploitants pour

---

(*) Dans le règlement qui concerne Champleix (Cantal), la prescription s'applique au cas où le nombre d'ouvriers employés dans les quartiers soumis aux dispositions de l'article 1er dépasse vingt-cinq.

(**) En exécution de cette prescription, des instructions, constituant des sortes de règlements intérieurs, ont en effet été préparées par les différentes compagnies exploitantes.

l'adoption de certaines mesures de sûreté. Nous citerons par exemple les observations adressées en 1868 aux exploitants de la Loire, par circulaire préfectorale, à la suite d'un avis du conseil général des mines, relativement à l'aérage et à l'éclairage.

L'attention de ces exploitants était appelée, d'une part, sur l'insuffisance que présente souvent la ventilation naturelle dont on se contentait autrefois habituellement dans le bassin, et l'étude des conditions d'aérage des différentes mines, était recommandée avec instance ; d'autre part, sur le peu de sûreté qu'offre le type des lampes à simple treillis métallique adopté jusque-là dans la Loire, toute liberté étant, du reste, laissée pour le choix des lampes nouvelles à substituer aux anciennes (*).

L'administration les pressait en même temps de pourvoir leurs exploitations d'appareils respiratoires, tenus toujours prêts à fonctionner et autant que possible à portée des chantiers où peuvent se produire des accidents, indépendamment de ceux qu'on pourrait avoir au jour.

RÈGLEMENTS PARTICULIERS OU INTÉRIEURS.

Depuis la publication de l'instruction ministérielle de 1872, nombre de règlements intérieurs ou particuliers ont été préparés par les exploitants ; plusieurs anciens règlements ont été remaniés et réédités.

Quelquefois ces règlements intérieurs ont été demandés par des arrêtés préfectoraux portant eux-mêmes des dispositions réglementaires, comme instructions devant servir de complément à ces arrêtés, ainsi que nous l'avons vu pour diverses mines de la Haute-Loire, du Puy-de-Dôme, du Cantal ; d'autres fois, ils réglementent à eux seuls l'exploitation, soit qu'ils émanent de l'initiative des

---

(*) Il peut être bon de rappeler que nombre d'exploitants s'étaient d'abord fortement émus des recommandations que la préfecture de la Loire leur avait adressées dès le commencement de l'année, sur la proposition des ingénieurs, en demandant d'ailleurs leurs observations. De vives objections étaient présentées ; la supériorité de lampes de types comme celui de la lampe de Mueseler était incertaine, disait-on, et celle de l'aérage naturel sur l'aérage artificiel était incontestable. Cette émotion n'a pas tardé à se calmer, et l'on en est venu régulièrement, dans le bassin de Saint-Étienne, à l'abandon des lampes à simple treillis, comme à l'adoption de la ventilation artificielle sur plus d'une mine. Les études faites de concert par les ingénieurs de l'État avec ceux des compagnies, dans la Société de l'industrie minérale, ont grandement contribué à écarter les objections.

exploitants, soit qu'ils aient été provoqués par une invitation de l'administration.

Un certain nombre ont été soumis à l'approbation préfectorale, suivant le vœu de l'instruction de 1872 ; mais il en existe qui ne l'ont pas été, et plus d'un demanderait à être complété.

Pour faire connaître les différentes formes adoptées dans ces règlements intérieurs, nous citerons les suivants, indépendamment des instructions ou ordres de service dont il vient d'être parlé, préparés en exécution d'arrêtés préfectoraux, et qui ne font que donner quelques développements à certaines dispositions de ces arrêtés.

I. — DÉPARTEMENT DU GARD.

1° RÈGLEMENTS DE LA COMPAGNIE DE BESSÈGES (*)

Une première partie, sous le titre : *Règlement général*, est divisée en chapitres, qui s'adressent respectivement aux divers agents de la compagnie et aux ouvriers, en traçant leur mission et leurs devoirs, et ce règlement général est suivi d'une série d'ordres de service, au nombre de 7, dont le premier seul se rapporte au grisou, et a pour titre : *Précautions contre le grisou, et tournées du lendemain des jours de chômage de l'exploitation.*

RÈGLEMENT GÉNÉRAL.

Dans le chapitre II, qui concerne *les ingénieurs divisionnaires*, on remarque particulièrement les dispositions suivantes, relatives au grisou :

Les ingénieurs divisionnaires ont chacun dans leurs bureaux particuliers un atlas des plans de mines..... Ils font jauger les courants d'air généraux et partiels de leurs mines à des époques suffisamment rapprochées pour observer leurs variations et régler l'aérage en conséquence. Ils tiennent affichés aux bureaux des maîtres-mineurs un tableau synoptique de ces courants et de leur intensité.

Les ordres de service généraux concernant la sûreté et la police des mines sont établis par l'ingénieur en chef, et consignés soit

(*) Ce règlement, daté de 1878, est un de ceux qui ne portent point encore d'approbation préfectorale.

Il est cité à raison des détails circonstanciés qu'il présente, bien-qu'on y trouve d'un autre côté plus d'une lacune, ainsi qu'on le verra.

dans des carnets imprimés fournis aux ouvriers, soit par les soins des ingénieurs divisionnaires, sur un registre spécial intitulé : « Sûreté des mines » qui reste à demeure dans les bureaux des maîtres-mineurs et à la disposition des intéressés. . . . .

Chaque ingénieur divisionnaire fait tenir, en outre, dans son service, un deuxième registre intitulé : « Instructions données aux maîtres-mineurs ou autres employés par les ingénieurs, les sous-ingénieurs de la compagnie », où ceux-ci inscrivent journellement les principales instructions ou recommandations adressées à leurs agents, les emplacements désignés pour les clefs de rallumage de lampes de sûreté, les dérogations temporaires obligées aux règlements, etc. . . . .

Dans le chapitre V, qui concerne *les maîtres-mineurs :*

Tous les matins, ils (les maîtres-mineurs ordinaires) visitent complètement leurs sections respectives ; le soir, ils examinent plus particulièrement les galeries. . . . . les ouvrages délicats et dangereux, l'aérage, etc. . . . .

Ils doivent surveiller les courants d'air généraux établis, faire placer et entretenir en bon état les portes et barrages nécessaires, faire garder au besoin les portes principales, faire enlever de leurs gonds les portes qui ne sont point en service, et prévenir sans retard les ingénieurs de tous les dérangements qui pourraient se produire à la ventilation ordinaire. En cas d'arrêt des ventilateurs, soit par suite d'accidents aux appareils, soit par toute autre cause, le premier soin des maîtres-mineurs, aussitôt qu'ils s'en aperçoivent ou qu'ils en sont avisés, doit être de mettre les ouvriers en sûreté, en employant tous les moyens possibles.

Dans les chantiers qui exigent des gaines d'aérage, ils doivent encore les faire établir et avancer régulièrement, et arrêter tout travail qui ne pourrait être suffisamment aéré jusqu'à ce que les ingénieurs aient pris des mesures.

Ils ont à lutter sans relâche contre toutes les causes d'accumulation de grisou, à ne dissiper les amas de grisou formés accidentellement qu'avec la plus grande prudence, et seulement lorsqu'ils ont la certitude de ne pas créer un danger sur le parcours de sortie. Dans les mines sèches particulièrement ils doivent redoubler d'attention (*) (à raison du danger des poussières de houille).

(*) Car il est maintenant certain, est-il ajouté, que les poussières de houille soulevées rendent l'atmosphère explosive, surtout lorsqu'elle renferme des traces de grisou sensibles à la lampe.

On voit ici signalé le danger des poussières de houille ; mais la nature des observations qu'il convient de faire, les mesures à prendre ne sont pas indiquées.

Ils ont à faire placer les clefs de rallumage aux endroits désignés par les ordres écrits des ingénieurs et sous-ingénieurs; à les faire garder lorsque ces ordres le prescrivent, et à veiller à ce qu'il y ait ordinairement deux clefs à chaque poste de rallumage. Si, exceptionnellement, les emplacements de ces clefs devenaient dangereux par suite de dégagement extraordinaire ou d'accumulation de grisou, de changements dans les courants d'air, d'arrêts accidentels des ventilateurs ou de toute autre cause, les maîtres-mineurs, aussitôt avisés, doivent supprimer ces clefs en les enlevant sans délai, faire évacuer la mine, s'ils le jugent nécessaire, et prévenir les ingénieurs.

Ils doivent surveiller incessamment l'éclairage dans les mines à grisou, vérifier souvent les lampes de sûreté, obliger les mineurs à les soigner, contrôler toutes les dégradations reconnues par les lampistes, et les faire payer rigoureusement dans le but d'exciter l'attention des ouvriers sur ces appareils délicats.

Ils doivent faire sonder dans les chantiers dirigés sur des réservoirs d'eau, de grisou ou de mauvais air, et interdire aux ouvriers d'ouvrir d'autres communications que celles de la sonde, sans qu'ils soient eux-mêmes présents aux chantiers. A l'égard des percements à l'eau, dans les couches à grisou, ils ont à se méfier aussi du grisou qui arrive généralement avec l'eau (comme s'il y était dissous) (*).

Le chapitre VII, concernant *les ouvriers*, est subdivisé en sous-chapitres qui se rapportent aux *ouvriers mineurs*, aux *lampistes*, aux *ouvriers préposés à la marche des ventilateurs*, etc.

A. *Ouvriers-mineurs.* — L'ouvrier qui reçoit une lampe aux guichets des lampistes doit la vérifier soigneusement en présence des lampistes et la refuser si elle n'est pas bien préparée, propre, en bon état et fermée à clef. La lampe acceptée, il en devient responsable jusqu'à ce qu'il l'ait rendue aux lampistes et qu'elle ait été admise par eux.

Des clefs à demeure, fixées au moyen de chaînes en différents points des courants d'air marquent *les seuls endroits des mines à grisou* où il soit permis aux ouvrier d'ouvrir, de rallumer et de refermer les lampes en se servant de celle d'un camarade. Les maîtres-mineurs seulement, comme les géomètres chefs de brigade, peuvent avoir des clefs de lampe et des allumettes, pour s'en servir

---

(*) On ne voit pas figurer dans ce chapitre de disposition pour l'interdiction par des barrages de l'accès des points dangereux. Ces dispositions se trouvent dans l'ordre de service n° 1 (voir plus loin).

en d'autres lieux, lorsqu'ils jugent pouvoir ie faire sans danger.

Les lampes détériorées accidentellement, ainsi que celles qui auraient des taches d'huile au treillis doivent être immédiatement éteintes, sorties de la mine et rapportées aux lampistes par les ouvriers qui en sont responsables, à moins qu'elles ne puissent être échangées ou remises en bon état, chez les employés à demeure de l'intérieur, ou chez des allumeurs spéciaux, pourvus à cet effet, par les maîtres-mineurs, de quelques lampes ou treillis de rechange.

Il est expressément défendu, dans les mines à grisou :

De laisser les porte d'aérage ouvertes ; celles qui ne sont pas en service étant toujours hors gonds ;

D'y pénétrer avec des lampes à feu nu, ou même avec des lampes de sûreté autres que celles qui sont fournies par la compagnie ;

De se servir de lampes qui ne seraient pas parfaitement fermées à clef et en bon état ;

D'y introduire des clefs ou tout autre engin destinés à ouvrir des lampes ;

D'y fumer, d'y porter des pipes, des mèches soufrées, des allumettes, du tabac à fumer ou toute autre matière pouvant enflammer le gaz ;

D'y tirer des coups de mine sans avoir, au préalable, examiné soigneusement l'atmosphère environnante et reconnu positivement à la lampe qu'elle est exempte de grisou (*) ;

D'allumer les coups de mine autrement qu'avec le briquet et l'amadou, et d'allumer l'amadou au treillis des lampes de sûreté (**).

De travailler dans le grisou, c'est-à-dire dans un ouvrage, etc., où l'on peut constater du grisou à la lampe ;

D'entrer dans un ouvrage, soit le matin, soit après le repas ou une absence notable, sans examiner attentivement l'atmosphère à

(*) Il n'est pas question ici de boute feu ; mais on verra plus loin l'indication d'agents spéciaux de surveillance pour le cas où, exceptionnellement et par suite de nécessité, le tirage est autorisé dans un chantier où l'atmosphère n'est pas tenue absolument nette de grisou. Ce surveillant pourrait faire fonction de boute feu.

On suppose sans doute, dans le paragraphe qui nous occupe ici, qu'il s'agit de chantiers reconnus habituellement exempts de grisou. Dans tout état de cause, il y a des observations à faire au sujet de la constatation de l'absence de grisou au moyen de lampes, le degré de précision de cette constatation dépendant de la lampe employée et, d'un autre côté, la nécessité d'une plus ou moins grande précision dépendant de l'état de la mine au point de vue du danger des poussières de houille.

(**) Voir l'observation faite plus loin au sujet du système de lampes.

la lampe, pour en constater l'état d'une manière certaine au point
de vue du grisou.

Lorsque le grisou allonge la flamme d'une lampe, on doit baisser
la mèche pour n'avoir qu'un très petit feu, et se retirer lentement,
en tenant la lampe près du sol. Si le treillis se remplit de flamme,
il ne faut jamais souffler pour éteindre, mais noyer la mèche dans
le réservoir d'huile, et si le feu persiste, sortir très lentement la
lampe, en la tenant toujours près du sol et en évitant le plus possible de l'agiter et d'agiter l'air (*).

L'ouvrier occupé à prix fait qui se retire d'un ouvrage en y
constatant la présence du grisou, et qui prévient tout de suite son
maître-mineur, a droit à sa journée, si la présence du grisou n'est
point toutefois la conséquence d'une négligence de sa part, ou si
le maître-mineur ne lui fournit pas, en temps opportun, du travail
pour le dédommager.

Les ingénieurs divisionnaires peuvent autoriser, mais seulement en cas de nécessité imprévue, à travailler et tirer des coups
de mines dans certains chantiers où l'atmosphère ne pourrait être
tenue absolument nette de grisou (**); mais alors ils doivent orga-
niser une surveillance spéciale de ces chantiers par un agent sup-
plémentaire responsable donnant toute garantie de sécurité.

Relativement aux mesures de sûreté prescrites contre le grisou,
la première infraction de l'ouvrier est toujours punie d'une amende
(indiquée) ; la récidive d'une amende (indiquée) et du renvoi immé-
diat du délinquant, sans préjudice des poursuites correctionnelles
qui peuvent être provoquées contre lui. La tolérance à une infraction grave de la part d'un ouvrier ayant autorité sur le coupable
est punie comme la faute même.

B. *Lampistes.* — Ils (les lampistes) distribuent les lampes tous
les jours de travail (aux heures indiquées). Par exception, le lendemain de tous les jours de chômage de l'exploitation, la distribu-

---

(*) Le type des lampes employées n'est pas spécifié ; il semble, d'après l'ensemble des termes des recommandations, qu'il s'agit de lampes à simple treillis.
Toute réserve doit être faite au sujet des prescriptions qui peuvent être imposées
à ce sujet. Mais, du reste, pour les lampes Mueseler même, malgré leur sûreté
relative, l'avantage qu'elles présentent de s'éteindre dans les mélanges explosibles, nous avons vu qu'il importe aussi d'éviter des mouvements brusques
d'agitation, soit des lampes, soit de l'air environnant. Il faudrait aussi ajouter
la recommandation d'éviter les chocs qui peuvent briser l'enveloppe de verre.

(**) On veut sans doute dire : qui ne pourrait *habituellement* être tenue absolument nette de grisou. Il y a aussi des réserves à faire au sujet de ces
tolérances exceptionnelles, qui demanderaient pour le tirage à la poudre des
conditions spéciales à indiquer d'une manière précise.

tion n'est opérée que sur les ordres écrits des maîtres-mineurs.

Les lampistes ne doivent distribuer que des lampes propres, garnies, allumées, fermées à clef (*) et ayant toutes leurs pièces en parfait état.

Lorsque l'ouvrier refuse une lampe qu'il croit défectueuse, les lampistes ne doivent pas insister pour la faire accepter, mais en donner une autre, sauf à faire juger la question par le maître-mineur, s'ils trouvent que la lampe refusée ne laissait rien à désirer.

Les lampes doivent être rapportées au lampiste tous les jours, le matin et le soir (à des heures désignées). Si des lampes ne sont pas rentrées (aux heures fixées comme limites), les lampistes doivent immédiatement en informer les maîtres-mineurs, qui avisent aux mesures à prendre.

A la réception des lampes, les lampistes doivent s'assurer si elles sont rendues fermées, les examiner et constater leurs dégradations en présence des ouvriers; ces dégradations sont notées par les lampistes et contrôlées par les maîtres-mineurs, pour en faire payer les réparations aux ouvriers, d'après un tarif affiché aux guichets des lampisteries (**).

Les lampes étant numérotées, les lampistes doivent donner, aussi régulièrement que possible, les mêmes lampes aux mêmes ouvriers, pour faciliter la surveillance.

Avec l'assistance des maîtres-mineurs, ils confectionnent et tiennent constamment à jour, dans les lampisteries, un ou plusieurs tableaux indiquant, pour chaque service de maître-mineur, les noms et prénoms des ouvriers qui travaillent avec des lampes de sûreté et les numéros des lampes qui leur sont affectées.

En cas de réparations aux lampes, les changements temporaires à opérer sont inscrits à la craie sur un tableau noir.

Le lendemain des jours de chômage, les lampistes ne doivent commencer la distribution que lorsque *tous* les ordres écrits des maîtres-mineurs sont fournis. Toutefois cette distribution peut être autorisée partiellement par les maîtres-mineurs chefs, pour des sections indépendantes, mais seulement lorsque les maîtres-

---

(*) Nous avons vu dans des règlements étrangers et nous verrons dans d'autres règlements français des dispositions différentes, d'après lesquelles les lampes sont distribuées ouvertes et sont allumées et fermées par les ouvriers eux-mêmes, mais sont ensuite vérifiées par un surveillant spécial, avant que ces ouvriers entrent dans les travaux. Cette organisation de service est quelquefois commandée par le nombre considérable des ouvriers.

(**) Le payement des réparations est sévèrement exigé, comme nous l'avons vu déjà précédemment ailleurs, pour engager les ouvriers à soigner les lampes.

mineurs, ayant fait la tournée de sûreté, en ont permis l'accès.

C. *Ouvriers préposés à la marche des ventilateurs.* — Leur service consiste à assurer le fonctionnement régulier et continu des ventilateurs, dont la vitesse est fixée par les ingénieurs divisionnaires. Ils sont contrôlés par les maîtres-mineurs, qui inscrivent journellement, sur un registre à demeure dans les locaux des ventilateurs, l'heure de chaque visite, la vitesse moyenne accusée par les compteurs, la dépression obtenue, la pression barométrique et la température extérieure.

Les ouvriers chargés des ventilateurs ne peuvent quitter leur poste que lorsqu'ils sont remplacés. Ils ne doivent arrêter le ventilateur que les jours de chômage de l'exploitation, et seulement sur un ordre écrit du maître-mineur de nuit ou du maître-mineur chef, ordre qui ne doit être donné par ceux-ci que lorsqu'ils ont la certitude qu'il n'y a plus personne dans les mines desservies par cet appareil.

Tout arrêt accidentel qui peut durer plus de 10 ou 15 minutes doit être le plus vite possible porté à la connaissance des ingénieurs et des maîtres-mineurs, qui ont à aviser aux mesures à prendre.....

Les ventilateurs, arrêtés pendant le chômage de l'exploitation, doivent être remis en marche au moins dix heures avant la reprise du travail par les ouvriers.

ORDRE DE SERVICE N° 1.

Dans l'ordre de service n° 1, ayant pour titre : *Précautions contre le grisou, et tournées de sûreté du lendemain des jours de chômage de l'exploitation,* on remarque les dispositions suivantes, adoptées à la suite d'arrêtés préfectoraux du 3 novembre 1854 et du 21 janvier 1856 (*).

En exécution de ces arrêtés, et par surcroît de précautions, les maîtres-mineurs sont chargés, chacun dans son service :

D'intercepter, au moyen du barrage réglementaire prescrit par

---

(*) L'arrêté préfectoral du 3 novembre 1854 prescrivait de fermer immédiatement, soit au moyen de planches espacées de 0^m,20, solidement fixées sur les montants d'un cadre, soit au moyen de grilles en fer ou en bois à barreaux espacés de 0^m,20 au plus, les entrées des chantiers et galeries abandonnés momentanément et interdits pour cause de trop grande abondance de gaz.

L'arrêté du 21 janvier 1856 portait :

1° Que tous les lundis, deux heures avant l'entrée des ouvriers, chacun des maîtres-mineurs, accompagné de deux boiseurs, ferait la visite générale des chantiers de son service, muni de lampes de sûreté, et que s'il reconnaissait l'arrêté préfectoral de 1854, toutes les entrées des mines, toutes leurs issues au dehors, sauf les orifices des puits, et toutes les communications des mines à grisou avec les mines ordinaires, où l'on emploie la lampe à feu nu, qui ne seraient pas munies de portes pouvant être fermées à clef, et de veiller à l'entretien ordinaire de ces barrages;

De tenir constamment fermées à clef les portes des mines dans lesquelles le travail est suspendu, ainsi que toutes celles qui ne livrent pas des passages nécessaires pour le travail;

De placer une plaque blanche portant l'inscription : *Mine à grisou* à l'entrée de toutes les mines à gaz et au-dessus de toutes les portes de séparation de ces dernières avec les mines ordinaires, lorsque ces portes restent ouvertes pendant le travail, et, à défaut de plaques, de les tenir fermées à clef ou de les faire garder (*).

De fermer à clef les portes d'entrée de toutes les mines à grisou et autres, la veille de tous les jours de chômage de l'exploitation, ou le matin de ces mêmes jours, si des ouvriers ont travaillé la nuit précédente, et, en l'absence de portes en bon état, d'établir le barrage réglementaire en planches (**).

De faire évacuer immédiatement les mines ordinaires où l'on reconnaîtrait le plus léger indice de grisou et d'en intercepter toutes les entrées jusqu'à ce que les ingénieurs aient pris les mesures de sûreté nécessaires;

De faire évacuer et fermer toute mine à grisou où le gaz s'accumulerait en quantité notable et inquiétante, et de prévenir sans délai les ingénieurs;

---

le plus petit indice de gaz à un chantier, il n'y laisserait travailler les ouvriers qu'avec des lampes de sûreté;

2° Que dans deux couches désignées, on ne pourrait travailler avec des lampes ordinaires qu'en galeries de niveau ou en descente, et que si l'on travaillait en remonte, les ouvriers des remontées auraient tous des lampes de sûreté.

(*) Les ingénieurs de la mine doivent fixer le service des portes pour lesquelles il serait nécessaire de prendre des précautions particulières pendant le travail.

(**) Ces mesures minutieuses ne sont pas inutiles. Même pour des mines ayant un aérage naturel, il convient de ne pas laisser les ouvrages souterrains librement accessibles. On pourrait rappeler que l'accident du Treuil (bassin de Saint-Étienne), en 1861, a été occasionné par un étranger que le palefrenier de l'intérieur avait introduit dans la mine, le dimanche, et qui a eu l'imprudence de se rendre dans un chantier en remonte grisouteux, avec une lampe ouverte. Un certain nombre d'ouvriers occupés dans la mine à certains travaux ont été victimes de cette imprudence. Dans les exploitations qui ont des galeries débouchant au jour, des étrangers peuvent s'introduire eux-mêmes dans les travaux souterrains, si l'accès n'en es pas défendu d'une manière efficace.

De fermer immédiatement, selon le mode prescrit par l'arrêté de 1854, toutes les entrées des quartiers de mines, chantiers ou galeries dans lesquels il ne serait pas prudent de travailler, même avec des lampes de sûreté, et de maintenir ces fermetures en bon état jusqu'à la reprise des travaux.

En outre, tous les lundis matin et le lendemain de tous les jours de chômage de l'exploitation, deux heures avant l'entrée des ouvriers, toutes les portes des mines restant fermées, chacun des maîtres-mineurs, accompagné de deux boiseurs ou de deux ouvriers de confiance (à défaut de boiseurs), fera une visite générale des chantiers de son service avec une lampe de sûreté, pour vérifier l'atmosphère des travaux de sa section.

Si, dans une mine ordinaire, il trouve la plus légère trace de grisou, il en interdira l'entrée d'une manière absolue à tous les ouvriers et préviendra les ingénieurs.

Si, dans une mine à grisou, il trouve du gaz en quantité inquiétante, soit dans certains quartiers, soit dans les courants d'air, il en interdira également l'entrée d'une manière absolue et empêchera la distribution des lampes.

S'il ne trouve de grisou que dans quelques chantiers et qu'il ne juge pas devoir interdire toute la mine, il ne laissera, dans tous les cas, entrer les ouvriers des ouvrages accessibles qu'après avoir fait garder efficacement les entrées des chantiers ayant du grisou, jusqu'à ce qu'il ait pu établir les barrages réglementaires, qui doivent toujours être faits dans le plus bref délai possible.

Dans tous les cas extraordinaires et dans les cas douteux, il est recommandé aux maîtres-mineurs de prendre les ordres des ingénieurs avant d'ouvrir les portes des mines pour laisser entrer les ouvriers.

Lorsque des sections particulières auront une porte commune, les maîtres-mineurs de ces sections devront tous s'entendre avant d'ouvrir pour l'entrée des ouvriers.

Lorsque des ouvriers ou employés seront autorisés à descendre dans les travaux par les machines, les maîtres-mineurs veilleront à ce que les machinistes ne les introduisent pas avant que la tournée de sûreté ait été faite.

Si des ouvriers commencent à travailler le soir des jours de chômage, ils n'entreront que sur l'ordre du maître-mineur de nuit, après que la visite de sûreté aura été faite par celui-ci, et après dix heures de marche du ventilateur, si la mine est aérée par un de ces appareils.

Les maîtres-mineurs sont chargés de désigner et d'avertir à

l'avance les ouvriers qui doivent les accompagner dans les tournées de sûreté. En cas de maladie ou d'empêchement, ils doivent prévenir les ingénieurs assez à temps pour que les mesures de sûreté prescrites soient toujours rigoureusement exécutées.

2° RÈGLEMENT DES MINES DE CESSOUS ET COMBEREDONDE (*).

Ce règlement, en date du 1er mai 1874, se compose, à la suite d'un règlement général, d'une série d'ordres de service ou règlements spéciaux, parmi lesquels nous avons à noter :

Un ordre de service ou règlement spécial, n° 2, concernant les maîtres-mineurs et chefs de poste, qui traite de l'aérage, de la visite des chantiers, etc.;

Un ordre de service ou règlement spécial, n° 3, relatif au tirage à la poudre;

Un ordre de service ou règlement spécial, n° 5, relatif à l'emploi des lampes de sûreté dans les mines à grisou, qui trace successivement les devoirs des lampistes et des ouvriers.

ORDRE DE SERVICE OU RÈGLEMENT SPÉCIAL N° 2.

Dans le règlement spécial, n° 2, sont prévus :

La tenue d'un registre pour l'inscription des ordres de service généraux et particuliers intéressant la sécurité des ouvriers, etc.;

Le devoir, pour les maîtres-mineurs, de veiller au bon état des galeries et à l'aérage; de faire fermer provisoirement par des barrages en planches, espacées de 0^m,20 au plus, toute ouverture, galerie, montage, puits, etc., qui paraîtrait présenter un danger pour la circulation; de prévenir l'ingénieur de tout dérangement dans le courant d'air, en suspendant provisoirement tout chantier dangereux et en prenant tout de suite les mesures qui leur paraîtraient propres à assurer la sûreté des ouvriers; enfin la mission donnée aux mêmes maîtres-mineurs de fixer, d'après l'avis des ingénieurs, l'emplacement des portes d'aérage et des clefs destinées à ouvrir les lampes dans les travaux;

Le devoir, pour les chefs de poste de jour et de nuit, de visiter, pendant la durée de leur service, tous les chantiers de leur canton, et, pour les chefs de poste comme pour les maîtres-mineurs, lorsqu'ils sont prévenus de l'arrêt du ventilateur, celui de prendre les mesures nécessaires pour la circulation du courant d'air

---

(*) Ce règlement n'est pas non plus revêtu de l'approbation préfectorale.

naturel, en faisant, d'ailleurs, évacuer les chantiers et même les quartiers d'exploitation où l'aérage serait devenu insuffisant.

ORDRE DE SERVICE OU RÈGLEMENT SPÉCIAL N° 3.

Dans le règlement spécial, n° 3, on n'a guère à noter que l'interdiction absolue de tirer des coups de mine dans les galeries, etc., où le grisou aurait été constaté, sans la présence du chef de poste, qui doit faire lui-même l'allumage au moyen du briquet et de l'amadou, s'il le juge possible.

ORDRE DE SERVICE OU RÈGLEMENT SPÉCIAL N° 5.

Dans le règlement spécial n° 5, intitulé : *Ordre de service concernant le grisou et les lampes de sûreté*, on remarque particulièrement, par rapport au service des lampistes, le système de lampes numérotées avec affectation de deux lampes au même homme et la remise aux ouvriers des lampes fermées par le lampiste lui-même ;

Pour les ouvriers, indépendamment des défenses et recommandations d'usage, relativement aux lampes de sûreté, et de l'interdiction du tirage à la poudre dans les chantiers à grisou hors de la présence du chef de poste, la prescription de quitter immédiatement les chantiers où la présence du grisou vient à se révéler pendant le courant de la journée, les chantiers reconnus grisouteux, et particulièrement ceux aérés au moyen de tuyaux, avec ou sans ventilateur, devant, d'ailleurs, être visités chaque jour, avant l'entrée des compagnies d'ouvriers par l'un de ces ouvriers, choisi spécialement à cet effet.

Ce règlement ne présente, en somme, aucune disposition essentielle nouvelle de quelque importance.

3° RÈGLEMENT DE LA COMPAGNIE DE LA GRAND'COMBE.

Ce règlement, en date de 1851, modifie un règlement antérieur de 1830. Il se subdivise en chapitres concernant successivement les lampes de sûreté, les fumeurs, le tirage à la poudre (*)

Les seules dispositions à citer, comme ne se trouvant pas dans les précédents, sont les suivantes :

1° Relativement à l'emploi des lampes de sûreté :

Dans les mines ou portions de mine où les points choisis (pour

---

(*) Ce règlement ne porte pas non plus d'approbation administrative.

le rallumage des lampes) seraient .très éloignés des chantiers, on pourra faire ramasser une ou deux fois par jour, par un gamin, les lampes éteintes, qu'il viendrait ouvrir, rallumer et refermer aux points convenus, pour les reporter ensuite aux ouvriers. Les ingénieurs des travaux détermineront seuls les chantiers pour lesquels cette mesure aura lieu (art. 7);

Dans les puits en fonçage où les lampes de sûreté seront employées, ainsi que dans les galeries partant de ces puits qui n'auront pas d'issue, il est formellement interdit d'ouvrir les lampes, sous quelque prétexte que !ce soit. Les lampes éteintes devront être remontées au jour, où le receveur sera chargé de les allumer et de les refermer avec la clef déposée à l'entrée du puits (art. 8).

2° Relativement à l'interdiction de fumer dans la mine :

S'il est reconnu qu'on a fumé dans un chantier, les ouvriers sont prévenus que tous les hommes du chantier seront punis comme si tous avaient fumé (parce que, est-il dit, la tolérance à une infraction aussi grave est aussi punissable que l'infraction elle-même).

II. — DÉPARTEMENT DE L'HÉRAULT.

RÈGLEMENT DE LA COMPAGNIE DES QUATRE MINES RÉUNIES DE GRAISSESSAC.

Ce règlement, approuvé, en même temps que des plans d'aérage produits pour ces mines, par un arrêté préfectoral du 27 juin 1874, revêtu lui-même d'une approbation ministérielle, se divise en chapitres concernant successivement la direction des travaux, les maîtres-mineurs et chefs de poste et enfin les ouvriers, avec un quatrième, intitulé : *Dispositions générales relatives aux mines à grisou.*

Le chapitre des ouvriers se subdivise lui-même en sous-chapitres avec les titres : *Lampes de sûreté, Fumeurs, Tirage à la poudre, Amendes.*

Les dispositions générales sont visées, aux chapitres précédents, dans les prescriptions faites aux maîtres-mineurs et aux ouvriers (il y a une véritable répétition).

Ces dispositions générales contiennent:

L'ordre d'évacuer immédiatement toute mine ordinaire dans laquelle on reconnaîtrait le moindre indice de grisou et d'en intercepter les entrées jusqu'à ce que les mesures de sûreté nécessaires aient été prises (art. 1er);

Celui d'évacuer et fermer toute mine à grisou où le gaz s'accumulerait en quantité notable et inquiétante (art. 2);

Enfin celui de fermer tous les quartiers de mine, chantiers ou galeries où il ne serait pas prudent de travailler avec des lampes de sûreté, et de maintenir en bon état les fermetures jusqu'à la reprise des travaux (les conditions de ces fermetures, soit au moyen de planches, soit au moyen de grilles en fer ou en bois, sont indiquées) (art. 3 et 4);

Personne ne peut rester dans un ouvrage, etc., lorsque le gaz brûle dans la lampe de sûreté ou seulement lorsque la flamme s'allonge d'une manière sensible, sauf les ouvriers qui doivent exécuter les travaux indispensables au rétablissement de l'aérage (art. 5);

Il est prescrit d'établir à toutes les ouvertures des mines au jour, autres que les orifices des puits, des portes à fermer à clef les jours de chômage (art. 6);

De poser, à l'entrée des mines à grisou, des plaques portant l'inscription : *Mine à grisou* (art. 7);

A la séparation des mines ordinaires et des mines à grisou, des câbles fixés horizontalement doivent avertir les ouvriers qu'il est défendu de pénétrer au delà avec des lampes à feu nu (art. 8);

L'usage des lampes à feu nu est interdit d'une manière absolue dans des régions désignées (art. 9);

Les lampes de sûreté doivent être fermées à clef avant d'être remises aux ouvriers (art. 10);

Dans certains quartiers désignés, les coups de mine ne peuvent être allumés que par un surveillant spécialement chargé de ce soin, après visite du chantier et des chantiers voisins (art. 11);

Il est formellement interdit, dans les travaux où l'on fait usage de lampes de sûreté, d'employer des mèches soufrées pour mettre le feu aux coups de mine. Cette opération ne pourra se faire qu'avec l'amadou allumé au briquet et non contre le tamis de la lampe (art. 12).

Les dispositions relatives aux visites des ouvrages souterrains, à la surveillance des barrages et portes d'aérage, à la désignation des points de rallumage des lampes éteintes, etc., se trouvent dans les autres chapitres et sont analogues à celles que nous avons vues dans les règlements précédents.

Les articles 1 à 8 du chapitre IV, particulièrement, reproduisent, avec un peu moins de détails seulement, les dispositions de l'ordre de service nº 1 de Bessèges. Mais, pour la séparation des quartiers de mines à grisou et des quartiers ordinaires, le règlement de Graissessac prévoit l'établissement d'obstacles effectifs (de câbles fixés horizontalement), au lieu de portes ou simples inscriptions, avec organisation d'un service pour faire garder au besoin les passages.

III. — DÉPARTEMENT DES BOUCHES-DU-RHONE.

RÈGLEMENT DE LA SOCIÉTÉ DES CHARBONNAGES DES BOUCHES-DU-RHONE.

Ce règlement a été approuvé par arrêtés préfectoraux du 5 juillet 1877 et du 11 septembre 1877 (la deuxième approbation donnée après modification). On y trouve prescrits sous le titre : *Aérage général* :

La visite quotidienne de la mine avant l'entrée des ouvriers et la vérification fréquente des barrages, portes d'aérage et rideaux (ces rideaux n'étant, au reste, tolérés que provisoirement et devant être le plus tôt possible remplacés par des portes), avec recommandation de tenir tous les passages d'air aussi grands que faire se peut dans leur ensemble, et lorsqu'une branche de courant subdivisé manque de force, d'augmenter la section autant que possible avant d'étrangler les autres branches (art. 1);

L'arrosage du sol des chantiers et des galeries, quand il sera trop sec et qu'il y aura des indices de grisou, avec recommandation d'un redoublement d'attention en cas de baisse barométrique (art. 2).

Sous le titre : *Chantiers à grisou* :

Le barrage provisoire des chantiers en dehors de ceux soumis au règlement, où la visite ferait constater une première apparition de grisou, pour en défendre l'entrée, en faisant retirer les ouvriers (art 3);

L'établissement, à l'approche de tout chantier suspect, de poteaux portant l'inscription *Chantier à grisou*, et le barrage de toutes les communications de ces chantiers avec le reste de la mine qui ne sont pas indispensables au service (art. 4).

Il est recommandé d'éviter les percements en remonte ; de faire toucher les remblais au toit des ouvrages et de leur faire suivre le front des tailles, de manière que le courant d'air les balaye toujours complètement ; d'arraser les tailles abandonnées de manière à n'y laisser aucune cavité pouvant se remplir de gaz; de prendre les mesures nécessaires pour conduire l'air au front d'avancement des galeries qui pourraient être pratiquées en montant, lorsque de pareils percements sont jugés, par les ingénieurs, nécessaires pour

établir l'aérage derrière un accident ou pour traverser un dérangement (art. 5).

Les lampes de sûreté sont distribuées fermées par les lampistes.
Des clefs fixées par des chaînes indiquent les points de rallumage
des lampes éteintes. Les maîtres-mineurs, chefs de poste et géomètres peuvent seuls porter des clefs sur eux (art. 6).

Les lampes détériorées et celles tachées d'huile au tamis doivent
être éteintes immmédiatement et, en outre, sorties tout de suite
de la mine pour être rapportées aux lampisteries, à moins qu'elles
ne puissent être échangées ou mises en bon état chez les employés
à demeure de l'intérieur, ou chez des rallumeurs spéciaux pourvus, à cet effet, de lampes de rechange (art. 7).

Le même article prescrit d'allumer les coups de mine avec le
briquet et l'amadou, avec interdiction de prendre du feu avec
l'amadou sur le treillis des lampes.

A l'article 8, sont énoncées les défenses habituelles relatives aux
chantiers à grisou, particulièrement pour le tirage à la poudre
sans autorisation spéciale, quand on peut reconnaître la présence
du gaz, et pour le séjour dans les chantiers où le grisou marque
même simplement par un allongement sensible de la flamme de la
lampe, avec les précautions à prendre pour se retirer (ce sont
encore les précautions habituellement recommandées dans le maniement des lampes).

L'article 9 règle les amendes pour les infractions.

On remarque à l'article 10, pour l'organisation de la distribution
des lampes, que la remise en est faite aux ouvriers contre la présentation d'un jeton portant le numéro de la lampe; qu'elles sont
rendues à la lampisterie contre la remise du même jeton.

Les dégradations, contrôlées par les maîtres-mineurs, sont
payées suivant un tarif affiché aux guichets des lampisteries.

Enfin, d'après l'article 11, les maîtres-mineurs doivent donner
aux ouvriers nouveaux communication du règlement et leur
indiquer l'usage des lampes de sûreté, ainsi que toutes les précautions à prendre.

A la suite du règlement, une courte instruction intitulée : *Précautions à prendre dans les chantiers à grisou*, rappelle les soins
que comporte le maniement des lampes ;

Recommande de ne point laisser de sous-cave de plus de $0^m,25$
de profondeur à la fin des postes ou aux interruptions de travail;
de faire toucher les remblais au toit et de leur faire suivre le front
des tailles; d'arraser les tailles abandonnées, etc. (Ce sont les
recommandations de l'article 5 du règlement.)

Bien que la présence du grisou ne soit pas signalée partout, toutes les compagnies d'ouvriers doivent être pourvues d'une lampe de sûreté. L'ouvrier porteur de cette lampe entre le premier dans le chantier et s'assure si, depuis la visite du surveillant, il ne s'y est pas accumulé de gaz. Dans les cas douteux, il doit, d'après l'instruction, renouveler l'air en le brassant au moyen de couffins ou d'un vêtement quelconque (*).

IV. — DÉPARTEMENT DE SAONE-ET-LOIRE.

1° RÈGLEMENT DE LA COMPAGNIE DE BLANZY.

Ce règlement, antérieur à 1872 et modifié en 1874, porte le titre de *règlement général* relatif à l'aérage, l'éclairage, et l'emploi de la poudre dans les mines à grisou (**).

Trois chapitres distincts traitent successivement de *l'aérage*, de *l'éclairage* et du *tirage à la poudre*; un 4ᵉ concerne les *punitions* et un 5ᵉ présente de simples dispositions générales, sous le titre : *Divers*.

Aérage.

Dans le premier chapitre, on remarque particulièrement l'organisation du service d'aérage.

Les dispositions générales de l'aérage sont arrêtées par l'ingénieur en chef, directeur, sur la proposition des ingénieurs divisionnaires, chargés des détails de la distribution (art. 1).

L'air sera divisé, autant qu'on le pourra, entre les différents quartiers d'exploitation, suivant leur importance, et les travaux seront disposés de manière à ne jamais forcer un courant d'air chargé plus ou moins de gaz inflammable à descendre, verticalement surtout; mais il pourra néanmoins dans certains cas, que l'on devra s'efforcer de rendre aussi rares que possible, descendre de deux tranches, par une galerie de section ordinaire, inclinée de 0ᵐ,10 à 0ᵐ,14 par mètre et entretenue *avec le plus grand soin* (art. 2) (***).

(*) D'après les observations déjà faites au sujet de manœuvres pareilles, il importerait d'ajouter la recommandation expresse de la pratiquer loin de la lampe.

(**) Non revêtu d'approbation préfectorale.

(***) Ces voies descendantes, à pente très limitée et d'une faible longueur, peuvent être moins dangereuses, comme l'observait la circulaire de 1872, que

Il y aura, pour chaque mine, un plan sommaire et spécial sur lequel seront indiqués le parcours général du courant d'air, sa division, les positions des portes et des points principaux où se fait le jaugeage du courant. Les portes seront doublées sur tous les points où elles seront ouvertes fréquemment, et celles qui serviront à la division du courant d'air seront pourvues de guichets permettant d'en varier la distribution.

Toute modification apportée dans le sens ou la distribution du courant d'air devra être immédiatement signalée sur le plan *ad hoc* (art. 3).

Tous les mois, au moins, et pour les travaux de tous les puits où il y a du grisou, les ingénieurs feront des jeaugeages des volumes d'air qui circulent dans la mine. Ils devront, non seulement mesurer le volume d'air entrant et sortant, mais encore les courants secondaires provenant de la division du courant total; ils se rendront compte surtout des quantités d'air qui arrivent aux chantiers.

Les résultats seront inscrits sur un registre spécial. On y indiquera également les températures observées dans la mine, et les hauteurs barométriques constatées à l'orifice des puits (art. 4).

Un baromètre sera installé sur chaque puits, dans le bureau du marqueur, et celui-ci devra prévenir le maître-mineur ou le chef de poste de service de toute variation brusque. . . . (*). Des instructions seront données pour ces observations, qui seront consignées sur un registre spécial placé sur le puits (art. 8).

D'après l'article 5, la constatation du grisou dans un chantier, doit être signalée le plus tôt possible, et être notée sur les registres spéciaux placés dans les bureaux des maîtres-mineurs.

D'après l'article 6, la mine ne doit jamais être abandonnée,

---

des galeries même montantes, mais irrégulières, avec de nombreuses anfractuosités au ciel et aux parois.

(*) Le règlement indique seulement ici qu'un simple changement dans l'atmosphère peut modifier les conditions d'aérage de tout ou partie des travaux, sans parler du dégagement même du grisou. Il ne faut pas oublier non plus, dans le cas d'aérage naturel, l'influence si considérable des variations de la température extérieure.

On peut remarquer, d'un autre côté, que, dans ce règlement, qui demande beaucoup de constatations utiles sur les températures, sur les hauteurs barométriques, il n'est pas question de l'état psychrométrique des ouvrages souterrains, état qui peut avoir de l'importance au point de vue du danger des poussières. On ne voit non plus aucune mesure indiquée contre ce danger, bien qu'en fait on s'en préoccupe déjà depuis assez longtemps à Blanzy. Il est à croire que ces mesures font l'objet d'un ordre de service particulier.

même les jours de fête. Un chef de poste et deux ouvriers doivent
en parcourir les travaux à diverses reprises, et observer spécialement les barrages contre les feux et les autres points qui leu
auraient été signalés par le maître-mineur.

L'article 7 prévoit en outre, comme nous l'avons vu dans d'autres
règlements, une visite de tous les travaux le lundi et le lendemain
des jours de fête ou de chômage, avant la descente des ouvriers.
Cette visite est faite par le maître-mineur ou le chef de poste, ou
même par un ouvrier de service, spécialement choisi, qui a qualité, comme les premiers, pour interdire provisoirement l'accès
des chantiers dangereux jusqu'à ce que les mesures nécessaires
aient été prises.

D'après l'article 11, les chantiers suspects doivent être visités
de la même manière tous les matins et, si le grisou y est reconnu,
les ouvriers n'y sont admis qu'après constatation de la disparition
de tout danger. Le maître-mineur et le chef de poste sont chargés
de veiller à l'installation des moyens de ventilation convenables,
et d'exercer une surveillance spéciale sur ces chantiers.

Aux termes de l'article 12, outre la prohibition générale faite
aux ouvriers de s'écarter du quartier où ils sont cantonnés, il leur
est particulièrement défendu de s'engager dans les voies de retour
d'air situées en dehors de leurs chantiers ou de celles qu'ils sont
autorisés à parcourir.

Les parties de la mine interdites doivent être indiquées par un
signe particulier : deux barres disposées en croix de Saint-André,
suspendues ou fixes. Un barrage en volige et à claire-voie doit
condamner plus spécialement celles où séjourne du grisou.

Enfin l'article 13 prescrit de pourvoir chaque mine à grisou de
deux appareils respiratoires de sauvetage, et des ouvriers de bonne
volonté doivent être exercés à s'en servir.

Les articles 9 et 10 se rapportent à la défense d'introduire des
allumettes dans la mine.

Le maître-mineur peut faire la visite minutieuse de tous les
vêtements des ouvriers qu'il soupçonnerait, sans que ceux-ci
puissent s'y opposer, sous peine de renvoi (*)

(*) Ces articles ne se rapportent point réellement à l'aérage, ils seraient
mieux placés avec ceux qui portent des défenses analogues, comme celle de
fumer, dans le chapitre des dispositions diverses.

Éclairage.

Au chapitre de l'éclairage, on remarque les dispositions suivantes :

On continuera à se servir de la lampe Davy, actuellement en usage, et on lui adjoindra, pour les points les plus dangereux, la lampe Mueseler ou tout autre appareil présentant plus de sécurité (art. 14).

L'article 15 concerne le service d'entretien des lampes aux ampisteries. Les soi   à donner aux lampes y sont détaillés.

Le service de distribution est organisé avec numérotage des lampes, chacune étant toujours affectée au même ouvrier. Ces lampes sont remises allumées et fermées aux ouvriers qui doivent s'assurer de leur état et en deviennent responsables (art. 16).

Les lampes qui viennent à s'éteindre dans les travaux doivent être renvoyées à la surface ou à une station intérieure de rallumage, où se trouve préposé un agent spécial (art. 17).

L'article 18 se rapporte à l'interdiction de porter dans la mine des clefs ou autres instruments pouvant servir à ouvrir les lampes. Les contraventions seront signalées aux ingénieurs des mines, qui pourront les faire poursuivre devant les tribunaux, conformément à l'arrêté préfectoral du 25 mai 1856.

L'article 19, relatif à la défense de fumer dans les mines, dispose que s'il est reconnu qu'on a fumé dans un chantier, tous les ouvriers qui en feront partie seront punis, à moins que le coupable ne se déclare (*).

L'article 21 prévoit, pour les mines où les lampes à feu nu sont admises dans certains quartiers, un service de gardes spéciaux placés à la limite des travaux à grisou pour en interdire l'accès aux ouvriers porteurs de lampes ordinaires.

L'article 22 concerne les mesures de précaution qu'exige l'emploi des lampes de sûreté et les recommandations à faire aux ouvriers. Cet article porte :

« Chaque fois qu'un maître-mineur, ou un chef de poste en son absence, aura un ouvrier nouveau à faire descendre dans la mine, il lui fera remettre lui-même une lampe de sûreté, en lui défendant d'abord de l'ouvrir, sous quelque prétexte que ce soit, les recommandations et la pratique de tous les jours venant complé-

---

(*) Voir l'observation de la note précédente relativement à la position de cet article.

ter la première défense, sans effrayer l'ouvrier nouveau, comme le ferait la lecture ou l'énumération, à haute voix, des précautions qui suivent (*). » Suit l'énumération des précautions, qui sont celles habituellement indiquées (**).

Tirage à la poudre.

Le chapitre intitulé : *De l'emploi de la poudre* est également assez détaillé.

D'après son premier article (art. 23 du règlement); l'usage de la poudre doit être réglementé plus ou moins sévèrement, suivant les cas. Les ingénieurs divisionnaires ont à le proscrire complètement, s'il peut créer un péril, ou à mitiger les mesures prescrites, lorsqu'ils le jugent sans danger. Seul, l'article suivant (art. 24) est impératif pour tous les travaux.

Cet article 24 porte les prohibitions ordinaires d'employer, pour mettre le feu aux coups de mine, aucune substance susceptible de brûler avec flamme (cannettes sèches, mèches soufrées, fusées goudronnées et même cannettes ordinaires), les fusées non goudronnées étant seules autorisées.

(*) Il n'est pas certain qu'il ne soit pas préférable de donner aux ouvriers nouveaux, ainsi qu'on le fait ailleurs, des instructions et recommandations précises et complètes, en leur lisant ou faisant lire la partie de règlement qui les concerne et particulièrement les précautions qu'ils ont à prendre. On ne saurait trop leur signaler les dangers que peuvent créer leurs imprudences, leur négligence et leurs inattentions. Ils ne sont que trop portés à oublier ces dangers.

(**) Voici cette énumération textuelle :

Préserver la lampe de tout choc et de tout accident pouvant en déformer l'enveloppe ou entraîner la rupture du verre ou de quelques mailles du tamis, dont la vertu préservatrice cesserait immédiatement.

Éviter de l'exposer à un courant d'air trop vif, qui pourrait faire sortir la flamme de la toile métallique, surtout si celle-ci avait une température élevée.

Observer cette dernière précaution, principalement au passage des portes ou d'un courant d'air étroit, au voisinage du front de taille, dont la chute pourrait déterminer un courant d'air inattendu.

Éviter tout mouvement brusque de la lampe, la placer toujours à la partie inférieure de la galerie et en surveiller la flamme, qui ne doit jamais être assez forte pour enfumer le tamis.

Baisser la mèche si la flamme s'allonge sous la présence de gaz inflammable, se retirer tranquillement en la diminuant encore si le gaz augmente, et en rapprochant autant que possible la lampe du sol de la galerie.

Enfin, éteindre celle-ci complètement, si le gaz persiste et si le tamis se remplit de flamme, soit en noyant la mèche dans l'huile, soit en l'étouffant sous ses vêtements, mais jamais en soufflant la flamme.

L'allumage doit être fait avec l'amadou, allumé lui-même au briquet et non sur le tamis de la lampe.

Les bourroirs en bois doivent seuls être employés dans tous les cas, et le débourrage des coups ratés, etc., est formellement interdit. Ces coups doivent être noyés quand il est possible.

D'après l'article 25, au charbon, les coups de mine sont absolument prohibés à moins de o^m3o de la couronne. Au-dessous de cette limite de distance, on doit encore suivre les précautions indiquées pour chaque puits; les coups, dans tous les cas, doivent toujours être placés de manière à ne pas produire de cloches, autant que possible.

L'article 26 prévoit la désignation, dans chaque mine, d'un chef de poste ou d'un ouvrier expérimenté pour remplir l'office de boutefeu. Ce boutefeu doit, avant de faire sauter la mine, s'assurer, par l'inspection de la flamme de la lampe, de l'absence de gaz inflammable dans l'air ambiant, et choisir, pour mettre le feu, le moment où il y a le moins d'ouvriers possible dans le quartier avoisinant.

D'après l'article 27, les ouvriers des galeries au rocher peuvent être autorisés à mettre eux-mêmes le feu aux coups de mine, mais avec les précautions indiquées à l'article 24.

Punitions.

Le quatrième chapitre, se rapportant aux punitions, fixe les amendes à infliger pour les contraventions, amendes doublées en cas de récidive, sans préjudice du renvoi facultatif et du dépôt d'une plainte entre les mains du procureur de la République (*).

Divers.

Le dernier chapitre, intitulé : Divers, ne porte qu'une seule prescription de sûreté. Tout ouvrier descendant, en qualité de piqueur, dans les travaux, doit être muni d'un chapeau en cuir qu'il devra garder sur sa tête durant le travail (art. 3o).

L'article 31 prévoit l'affichage du règlement sur les puits et dans les bureaux. Les maîtres-mineurs et chefs de poste doivent en recevoir un exemplaire portatif.

(*) Des condamnations pourraient être obtenues pour les infractions aux mesures prescrites par arrêtés préfectoraux. Le règlement demanderait à être approuvé administrativement pour donner toute l'extension désirable aux poursuites judiciaires.

2° ORDRE DE SERVICE DE LA COMPAGNIE D'ÉPINAC.

Dans le même département, un ordre de service de la compagnie d'Épignac, en date du 7 février 1876, préparé à l'occasion de l'accident du puits Jabin (dans le bassin de Saint-Étienne), et destiné à être affiché sur les puits et à être lu deux fois par semaine aux ouvriers pendant un mois, rappelle les précautions nécessaires contre le grisou.

On remarque, parmi les mesures prescrites ou recommandées :

L'enlèvement des poussières charbonneuses et l'arrosage des galeries ;

L'enlèvement complet du charbon abattu dans les chantiers ;

Le jaugeage répété des courants d'air par des expériences anémométriques ;

L'observation des dépressions barométriques (qui sont une occasion certaine de trouble dans l'aérage, soit par des venues d'air moindres, soit par des dégagements plus abondants de grisou) (*).

V. DÉPARTEMENT DU PUY-DE-DOME.

RÈGLEMENT DES MINES DE SAINT-ÉLOY.

A côté des ordres de service dont il a été parlé précédemment, ordres de service servant de complément à des arrêtés préfectoraux, nous citerons un règlement des mines de *Saint-Éloy* (**).

Moins détaillé et moins complet que celui de Blanzy, ce règlement contient une partie des dispositions de ce dernier, telles notamment que l'organisation de l'aérage par les soins de la direction de la mine et la tenue de plans d'aérage, sans toutefois qu'il y soit question de jaugeages des courants d'air et d'observations barométriques.

(*) Les autres énonciations de l'ordre de service, toutes sommaires comme celles ci-dessus, sont :

Le bon usage des lampes de sûreté et la défense de fumer ;

Le fonctionnement régulier de l'aérage (portes de distribution, ventilateurs, etc.) ;

Le remblayage des tailles et la fermeture complète des barrages ;

La visite préalable par la surveillance, avant l'entrée des ouvriers, des chantiers où ils ne doivent pénétrer que si le gaz ne s'y montre point ;

L'interdiction du tirage à la poudre dans tout chantier susceptible de donner du gaz.

(**) Sans date et ne portant pas d'approbation administrative.

Les dispositions de l'aérage sont arrêtées par l'ingénieur en chef, directeur, sur la proposition des ingénieurs divisionnaires, chargés des détails de la distribution (art. 1ᵉʳ).

Il y aura, pour chaque mine, un plan sommaire et spécial sur lequel seront indiqués le parcours général du courant d'air, sa direction et la position des portes. Toute modification apportée dans le sens de la distribution du courant d'air devra être immédiatement signalée sur le plan *ad hoc* par les ingénieurs divisionnaires (art. 2).

On trouve ensuite dans ce règlement les diverses prescriptions déjà rencontrées dans plusieurs des précédents, relatives :

A la surveillance, par les maîtres-mineurs, des courants d'air, des portes d'aérage et barrages ; aux mesures à prendre pour mettre les ouvriers en sûreté au cas où l'aérage devient insuffisant (art. 3);

Aux sondages à opérer dans les chantiers dirigés vers des réservoirs d'eau, de grisou ou de gaz méphitiques (art. 4);

A l'interruption des communications des quartiers grisouteux avec ceux où les lampes à feu nu peuvent être employées, ainsi qu'aux inscriptions à placer à l'entrée de ces quartiers grisouteux, ou, à défaut de ces mesures, à l'organisation d'un service de gardiens pour empêcher les ouvriers porteurs de lampes ordinaires de pénétrer dans les travaux à grisou (art. 5);

A l'évacuation des mines ordinaires où les maîtres-mineurs viendraient à constater la plus légère trace de gaz, jusqu'à ce que les ingénieurs divisionnaires aient pris les mesures nécessaires;

A l'évacuation des mines à grisou où le gaz s'accumulerait en quantité notable et inquiétante;

A la visite spéciale que doivent faire ces maîtres-mineurs tous les lundis et le lendemain des jours de chômage, deux heures avant l'entrée des ouvriers, pour interdire cette entrée et empêcher la distribution des lampes, s'il y a lieu, ou, le cas échéant, pour ne laisser pénétrer que dans les chantiers accessibles, après avoir fait garder l'entrée des chantiers grisouteux jusqu'à ce que les barrages réglementaires aient été établis;

Enfin à la visite à faire par les maîtres-mineurs de nuit avant l'entrée des ouvriers le soir des chômages (art. 6).

On y trouve :

Une organisation de la distribution des lampes à une lampisterie établie à l'intérieur même des mines, les lampes portant des numéros d'ordre affectés aux différents ouvriers;

L'interdiction de toute ouverture de lampe dans les travaux, celles qui viennent à s'éteindre devant être renvoyées à la lampisterie ;

A côté de la prévision d'amendes pour les ouvriers qui porteraient dans la mine des clefs pouvant servir à l'ouverture de lampes ou des allumettes, celle d'une punition générale de tout le personnel d'un chantier où l'on aurait fumé (art 7).

On y trouve enfin le devoir imposé aux maîtres-mineurs d'expliquer aux nouveaux ouvriers l'usage des lampes et de leur faire lire la partie du règlement qui les concerne, en leur énumérant toutes les précautions nécessaires dans le maniement des lampes (*).

VI. — DÉPARTEMENT DU PAS-DE-CALAIS.

Parmi plusieurs règlements approuvés par arrêtés préfectoraux, nous distinguerons ceux des compagnies de *Lens*, de *Bruay*, d'*Ames* et *Ferfay*, d'*Auchy-au-Bois* (**).

Ces règlements, comme plusieurs de ceux précédemment cités, comprennent les mesures de sûreté applicables à toutes les fosses pour tous les détails de l'exploitation, avec des dispositions spéciales pour les fosses à grisou, dispositions qui sont quelquefois groupées sous un titre séparé, sous le titre : « Mesures de sûreté spéciales aux fosses à grisou ». Il en est ainsi pour Lens et pour Bruay, qui ont des règlements identiques :

1° RÈGLEMENT DE LENS ET DE BRUAY.

Le règlement spécial relatif au grisou se divise en trois chapitres, savoir :

1° *Obligations des porions* (maîtres-mineurs), se subdivisant en trois sections concernant l'*aérage*, l'*éclairage* et le *tirage à la poudre*;

2° *Obligations des lampistes*;

(*) C'est l'énumération indiquée précédemment en note pour le règlement de Blanzy.

(**) Le premier a été approuvé à la date du 13 juin 1877; le deuxième, à la date du 16 avril 1878; le troisième, à la date du 9 mai 1878, et le quatrième, avec complément pour les lampes de sûreté, aux dates des 30 mai 1876 et 25 mai 1878.

Deux règlements particuliers des mines d'Ostricourt et de Fléchinelle, non approuvés, portent : le premier, la mention d'un enregistrement au chef-lieu du canton et d'un dépôt au greffe de la justice de paix; l'autre, un visa du maire de la commune. Il est clair que ces formalités sont insuffisantes pour leur donner la sanction pénale nécessaire. Du reste, ils ne sont pas complets.

3° *Obligations des ouvriers*, se subdivisant en trois sections intitulées : *Éclairage, précautions à prendre dans l'emploi des lampes de sûreté; aérage; tirage à poudre.*

Il est un peu moins détaillé que le règlement de Bessèges (y compris l'ordre de service qui le complète).

D'un autre côté, le règlement de Lens et de Bruay ne parle point de plans d'aérage, de jaugeage des courants, de mesures contre le danger des poussières charbonneuses. Il ne s'adresse qu'aux maîtres-mineurs (porions) et aux ouvriers, tandis que celui de Bessèges comprend aussi les devoirs des ingénieurs de la mine. Il en est de même de certains autres règlements, tels que celui de Blanzy, où nous avons vu les prescriptions rangées sous les titres généraux : aérage, éclairage, tirage à la poudre (*).

Nous nous bornerons à citer dans le règlement de Lens et Bruay les dispositions suivantes, pour éviter de multiplier les répétitions :

Obligations des maîtres-mineurs.

Au chapitre des *obligations des maîtres-mineurs (porions)*, des visites journalières, avant l'entrée des ouvriers, sont prescrites d'une manière précise, indépendamment de celles du lundi et du lendemain des jours de chômage, lesquelles le sont dans les mêmes termes qu'à Bessèges.

Un ouvrier désigné fera chaque jour, avant la descente des mineurs, une visite des chantiers où le gaz se dégage en certaine abondance. . . . . . .

Si, dans une taille ou dans un quartier, il trouve du gaz en quantité inquiétante, il préviendra le chef porion. Celui-ci interdira l'entrée d'une manière absolue à tous les ouvriers, empêchera la distribution des lampes et donnera des instructions convenables aux porions des sections qui auraient une porte d'aérage commune avec le quartier interdit.

En général, lorsqu'un quartier dans lequel on a reconnu un dégagement de grisou, même peu important, sera provisoirement abandonné, l'accès devra en être interdit au moyen d'une porte fermant à clef. Si l'abandon est définitif, les communications avec les quartiers en exploitation devront être murées.

(*) Le règlement de Lens était antérieur à la dernière édition de celui de Bessèges, auquel on avait dû sans doute, du reste, faire des emprunts, et un certain nombre de dispositions ajoutées à cette dernière édition se rencontraient dans le règlement de Lens.

Chaque fois qu'un ouvrier nouveau est embauché, le porion doit lui expliquer l'usage de la lampe et lui lire les parties du règlement qui le concernent.

Le rallumage des lampes à l'intérieur doit se faire à l'accrochage ou à l'entrée des quartiers dans lesquels des traces de grisou auraient été constatées. Un porion ou un ouvrier expérimenté, spécialement choisi, sera placé au point désigné (comme il vient d'être dit) et sera chargé :

1° De ne laisser pénétrer dans les travaux aucun ouvrier porteur d'une lampe à feu nu ;

2° De contrôler les lampes de tous les ouvriers qui se rendront à leur travail ;

3° De rallumer et de vérifier toutes les lampes apportées éteintes des quartiers.

Les chefs porions et porions auront soin de signaler chaque jour les tailles où l'emploi de la poudre pourrait offrir quelque danger, afin que les ingénieurs le proscrivent lorsqu'il y aura péril.

Dans chaque taille ou voie, le chef porion désignera un ouvrier expérimenté à qui sera confié le soin de mettre le feu aux mines.

De plus, dans chacune des fosses où le grisou aura été constaté, il y aura au moins un homme de confiance spécialement désigné pour remplir l'office de boutefeu dans les tailles où il n'y a pas d'ouvrier suffisamment expérimenté.

Obligations des lampistes.

Au chapitre des *lampistes*, on remarque que les lampes sont distribuées aux ouvriers au moment de la descente, allumées et fermées, que ces lampes sont numérotées, et que chacune d'elles sera toujours assignée au même ouvrier. (C'est la disposition que nous avons vue le plus souvent.)

Obligations des ouvriers.

Au chapitre des *ouvriers*, on trouve les défenses ordinaires et le règlement prévoit, comme nous l'avons remarqué ailleurs, la punition générale de tous les ouvriers d'un chantier, lorsqu'il est reconnu qu'on y a fumé.

L'énumération des précautions à prendre dans l'emploi des lampes de sûreté n'a rien de particulier.

Pour le tirage à la poudre, il est expressément défendu aux ouvriers de se servir de poudre sans autorisation spéciale des chefs porions et porions. Les ouvriers qui auront cette autorisation ne pourront se servir que de la poudre fournie par la compagnie, et ceux qui, dans les travaux, seraient trouvés porteur de poudre sans autorisation seront sévèrement punis.

En charbon, les coups de mine à couronne sont prohibés.

L'inspection à faire à la lampe, avant de faire sauter la mine devra être renouvelée scrupuleusement à chaque coup, même lorsque les coups se succèdent à très court intervalle, comme lorsqu'on recharge un trou à la suite d'une explosion de mine partie sans produire d'effet.

2° RÈGLEMENT DES MINES D'AUCHY-AU-BOIS.

Dans le règlement d'*Auchy-au-Bois*, de 1876, il est dit, pour l'*aérage* :

L'air doit toujours être conduit à front des tailles et des voies et, autant que possible, d'une manière ascensionnelle. Dans les dressants, les cheminées ne seront jamais vidées complètement, ni le charbon accumulé en trop grande quantité sur la voie, au point de chargement.

Les mineurs ne peuvent, sous aucun prétexte, sans la permission du maître-porion, parcourir d'autres travaux que ceux qu'ils doivent traverser pour se rendre à leur ouvrage. Un lampiste, ou surveillant de fond pour l'aérage, doit visiter chaque matin tous les travaux, avant la descente des ouvriers. S'il en trouve présentant du danger, il doit immédiatement faire prévenir les porions et empêcher l'accès de ces travaux par des bois placés en travers des galeries ou un écriteau sur lequel sera écrit « grisou ».

Pour *les lampes :* — Dans les fosses à grisou, il est fait usage de lampes de sûreté à enveloppe de verre et treillis métallique, et il est expressément défendu d'employer dans les travaux du fond et dans le goyau (compartiment d'aérage), excepté à l'accrochage, des lampes à feu libre. . . . . . .

Pour *le tirage à la poudre :* — Les ouvriers au rocher pourront tirer des coups de mine, mais seulement après avoir examiné soigneusement les conditions de l'air et y avoir été autorisés par le porion. Quand la présence du grisou sera constatée, même en faible quantité, ils devront prévenir le porion de service et différer l'inflammation de la mèche de sûreté avec l'amadou, jusqu'au moment où l'on aura fait disparaître toute cause de danger.

Dans les travaux d'abatage du charbon, ce sont les boutefeux qui seuls, après s'être assurés de l'absence du grisou dans le voisinage, peuvent mettre le feu aux mines. La mesure sera appliquée dans les travaux autres que ceux au charbon, où l'on constaterait la présence habituelle du gaz en quantité tant soit peu notable.

Les ouvriers autorisés à faire jouer la mine devront remettre aux porions, après leur travail, les excédents de poudre qui leur restent.

3° RÈGLEMENT DES MINES DE FERFAY ET AMES.

Dans le règlement de *Ferfay et Ames*, on trouve les mêmes dispositions qu'à Auchy-au-Bois, pour l'aérage et pour le tirage à la poudre (institution de surveillants spéciaux ou boutefeux et recommandation à ces surveillants et aux porions de se faire remettre les excédents de poudre). De plus, on prévoit, comme à Lens et Bruay, le renouvellement de l'examen préalable des chantiers à chaque coup de mine, même quand ces coups se succèdent à de courts intervalles.

VII. — DÉPARTEMENT DU NORD.

RÈGLEMENT DES MINES D'ANZIN.

Pour le département du *Nord*, nous ne pouvons citer qu'un seul règlement approuvé par arrêté préfectoral, règlement se rapportant aux mines d'*Anzin* et limité à quelques dispositions concernant les lampes de sûreté.

L'article 1ᵉʳ, le seul qui demande vraiment à être mentionné ici, rappelle qu'aucune lampe de sûreté ne doit être remise pour la descente dans les fosses qu'après avoir été allumée et fermée. Lorsqu'il s'agit de la descente des ouvriers dans une mine en exploitation, les lampes passent entre les mains d'un surveillant spécial préposé à l'entrée du puits, qui s'assure de la fermeture et les remet ensuite aux ouvriers (*). En dehors des heures de descente, le lampiste est chargé de remettre les lampes allumées et fermées par lui aux personnes qui doivent décendre; en outre, la

---

(*) Ce sont les ouvriers qui allument eux-mêmes leurs lampes et les ferment, puis les soumettent avant de descendre à la vérification du surveillant spécial. Nous avons déjà vu ailleurs cette disposition, motivée par le nombre considérable d'ouvriers qui descendent à la fois. Elle est moins sûre que l'allumage et la fermeture par les préposés eux-mêmes, ainsi qu'il est prévu ici en dehors des heures de descente; elle ne doit être acceptée qu'exceptionnellement.

vérification de la fermeture doit être faite, avant la descente, par le porion de clichage.

Une exception à ces prescriptions est prévue pour les ouvriers d'abouts (ouvriers des puits), sauf dans les puits de sortie d'air affectés à l'aérage des travaux où les lampes de sûreté sont en usage.

L'article 2 prévoit l'avertissement à donner aux ouvriers dans le cas où le grisou vient à apparaître sur certains points d'une mine où l'on emploie des lampes à feu nu : affichage dans les bâtiments de la fosse, et pose de poteaux indicateurs, avec inscription des mots « mine à grisou » à l'entrée des galeries interdites à l'usage des lampes libres.

VIII. — DÉPARTEMENT DE LA LOIRE.

Nous trouvons dans le bassin de Saint-Étienne divers règlements particuliers parmi lesquels on remarque ceux qui concernent les mines de *Beaubrun*, les mines de *Firminy* et *Roche-la-Molière*, les mines de *Montrambert* et la *Béraudière* (*).

1º RÈGLEMENT DES MINES DE BEAUBRUN.

Le règlement de Beaubrun commence par rappeler quelques principes généraux applicables à l'exploitation des couches grisouteuses : division de la mine en quartiers; percement de galeries jumelles pour le traçage ; en dépilage, recommandation de proportionner le nombre des chantiers dans chaque quartier à l'étendue de celui-ci et au volume d'air qui peut le parcourir; soins à apporter aux remblais qui doivent être complets et composés de matériaux entièrement inertes; devoirs pour le chef de poste chargé du tirage à la poudre et de la visite des chantiers de surveiller aussi la marche du courant d'air, l'entretien des portes, etc., toute modification dans les principes généraux, et toute application de détail devant, d'ailleurs, être préalablement étudiées et discutées entre les ingénieurs de la mine et les gouverneurs (maîtres-mineurs).

(') Ces règlements, qui se rapportent exclusivement au grisou, ne sont pas des règlements complets, même à ce point de vue unique. Ils ne sont pas revêtus d'approbation préfectorale, mais appliquent les mesures prescrites par des arrêtés préfectoraux précédemment mentionnés; quelques-uns se trouvent partiellement reproduits dans d'autres. Ainsi un règlement de Montaud est un extrait de celui de Firminy et Roche-la-Molière; le règlement de Montrambert et la Béraudière a été repris, à un article près, pour la Ricamarie.

Les prescriptions du règlement proprement dit s'appliquent spécialement au *service* et *à l'emploi des lampes de sûreté*.

Une première partie de ce règlement concerne *le service à l'extérieur, la lampisterie;* on y remarque les dispositions suivantes :

Les lampes sont numérotées; il doit être tenu note exacte des numéros distribués.

Le lampiste ne doit délivrer de lampes qu'aux hommes qui lui sont notoirement connus comme ouvriers du puits auquel les lampes sont destinées. Il ne peut remettre de lampes à d'autres ouvriers que sur un ordre écrit. Dans tous les cas, il ne doit pas en délivrer à un homme en état d'ivresse.

Les lampes sont hermétiquement fermées au moment de la remise aux ouvriers, auxquels le lampiste devra fréquemment réitérer la défense formelle de les ouvrir, en leur rappelant les conséquences que peut avoir l'inobservation de cette prescription, soit par les accidents qu'elle peut occasionner, soit par les poursuites correctionnelles qu'ils encourraient.

Un registre spécial contient le nom du propriétaire de chaque lampe et le numéro de celle-ci, qui est pointé à chaque descente.

Une deuxième partie concerne *le service des lampes à l'intérieur.*

Il est formellement interdit d'ouvrir les lampes, même dans les galeries de roulage ou d'aérage qui aboutissent à des quartiers envahis par le gaz, encore qu'elles en soient exemptes (art. 1er) (*).

Suivant l'étendue des travaux envahis, un ou plusieurs lampistes, placés à l'intérieur de la mine, sont spécialement chargés de rallumer les lampes éteintes, de faire remplacer celles qui viennent à être hors de service, de surveiller, conjointement avec les gouverneurs et sous-gouverneurs (maîtres-mineurs chefs et maîtres-mineurs), l'emploi des lampes dans tous les chantiers, de constater toute contravention et de dresser des procès-verbaux. A cet effet ils sont ou peuvent être assermentés (**). Ils ont, sur un ou plusieurs points désignés, entièrement exempts de gaz et bien aérés, un cabinet renfermant des lampes de rechange, ustensiles nécessaires au démontage, etc.

(*) Nous reproduisons les termes employés; il faut sans doute entendre qu'il s'agit des parties de ces galeries qui avoisinent les quartiers grisouteux, puisque, plus loin, on admet le rallumage des lampes dans des galeries bien aérées, et il manque ici la prévision d'une ligne précise de démarcation, comme on en trouve dans d'autres règlements.

(**) C'est là une disposition que nous avons déjà rencontrée précédemment en Belgique. Il pourrait être utile qu'elle fût souvent adoptée.

Toute lampe éteinte ne pourra être rallumée que sur ces points ou dans les galeries bien aérées et non parcourues par le gaz. Ce rallumage peut aussi être fait par les gouverneurs et sous-gouverneurs, munis à cet effet de clefs dont ils ne peuvent se dessaisir. Un gamin spécial est chargé de transporter les lampes éteintes et rallumées (art. 3).

Tous les chantiers sont visités chaque jour avant l'entrée des ouvriers par un gouverneur ou un chef de poste spécial. Si ceux-ci constatent la présence du gaz dans de nouveaux chantiers ou sa trop grande abondance en certains points, ils en préviennent tout de suite les ouvriers qui doivent y travailler et prennent les mesures voulues pour la sécurité de la mine (art. 4).

A chaque entrée ou issue d'un quartier à grisou, il est placé un écriteau portant, en gros caractères, les mots « quartier à grisou » (art. 5).

Puis viennent, dans un article 6, les défenses ordinaires de fumer, de faire usage de tout appareil ou de toute matière pouvant produire l'inflammation du gaz ; de faire partir un coup de mine autrement qu'en la présence du gouverneur ou chef de poste, et en employant les précautions indiquées par les règlements administratifs.

2° RÈGLEMENT DES MINES DE MONTRAMBERT ET LA BÉRAUDIÈRE.

Ce règlement, appliqué avec quelques modifications depuis 1864, se divise également en deux parties, l'une pour les *gouverneurs*, l'autre pour les *ouvriers*.

Nous mentionnerons les dispositions suivantes :

a) Dans la première partie.

Tout chantier, galerie en cul-de-sac ou autre ouvrage abandonné, même provisoirement, doit être barré (art. 1er).

Les surveillants visitent chaque matin, et d'une manière générale, après tout arrêt dans le travail, les galeries en cul-de-sac, les remontées, etc. (art. 2).

Les ouvriers travaillant dans les quartiers à gaz auront tous des lampes Mueseler (art. 3).

Lorsque les surveillants découvrent du grisou dans un chantier où il n'y en avait pas habituellement, ce chantier doit être barré, et les ingénieurs, être prévenus. Si le gaz persiste dans un chantier, malgré les moyens d'aérage, le travail doit y être suspendu (art. 4 et 6).

Le tirage à la poudre est interdit, à moins d'autorisation de l'ingénieur, dans tout chantier pouvant présenter du grisou et, dans ce cas d'autorisation, l'allumage est confié à un ouvrier spécial accepté par l'ingénieur (art. 7 et 8).

Si un ouvrier est puni ou renvoyé pour infraction au règlement, la cause de la punition ou du renvoi doit être notée sur le registre du contrôle.

b) Dans la deuxième partie.

Les lampes sont remises allumées et fermées aux ouvriers, qui doivent s'assurer eux-mêmes de leur état, aucune erreur ou distraction du lampiste ne pouvant servir d'excuse pour les ouvriers (art. 2 et 3).

Des surveillants spéciaux sont chargés du rallumage des lampes éteintes (art. 4).

Une lampe dont le tamis est taché d'huile ou de poussière, ou qui brûle mal, ne peut qu'être portée à la lampisterie intérieure, pour y être réparée ou échangée, si l'ouvrier ne continue pas de s'en servir telle qu'elle est (art. 6) (*).

Il est défendu aux ouvriers de laisser leurs lampes dans les chantiers, lorsqu'ils les abandonnent même pour un instant (art. 9).

Lorsqu'on devra doubler, chaque lampe sera montée au jour et visitée par le lampiste, ou bien l'ouvrier aura une lampe de rechange. Il est expressément défendu de garder la même lampe, sans qu'elle soit visitée, durant les deux postes (art. 10).

Les dispositions des articles 7 et 8 de la première partie sont rappelées dans les articles 13 et 14.

Il est expressément défendu d'ouvrir ou fermer aucune porte d'aérage, de changer ou diminuer le courant d'air sans l'ordre du surveillant (art. 15).

Dans le cas où un ouvrier aurait à pénétrer dans un chantier barré, en vertu d'un ordre, il devra rétablir le barrage (art. 16).

Il est expressément défendu aux gouverneurs comme aux ouvriers de faire descendre ou laisser descendre aucune personne étrangère dans les puits, sans une permission expresse de l'ingénieur (art. 18).

3° RÈGLEMENT DES MINES DE FIRMINY ET ROCHE-LA-MOLIÈRE.

Dans le règlement de Firminy et Roche-la-Molière, dont toutes

---

(*) Mieux vaudrait, pour des lampes en mauvais état, demander expressément, comme on le fait ailleurs, qu'elles soient toujours portées à la lampiserie intérieure.

les dispositions, sauf une, relative à un service de boutefeu pour le tirage à la poudre, sont reproduites dans celui de Montaud, nous nous bornerons à mentionner les deux articles suivants :

Art. 5. Tout chantier en cul-de-sac définitivement arrêté sera, autant que possible, remblayé ou au moins muré ; tout chantier en cul-de-sac abandonné provisoirement, sera barré par deux bois posés en croix, signe qui équivaudra à une défense momentanée.

Art. 10. Toutes les fois qu'un percement s'opérera d'un chantier d'exploitation à un autre, il y aura lieu de faire précéder d'un trou de sonde la communication complète, lorsque le dégagement du gaz sera assez considérable pour que sa présence soit signalée à la lampe.

Les dispositions relatives au service des lampes, aux visites des ouvrages souterrains, au tirage à la poudre sont analogues à celles que nous avons vues précédemment (*).

4° RÈGLEMENT DES MINES DE MONTIEUX.

Dans ce règlement, on remarque la disposition suivante :

Art. 5. Aucune personne étrangère à la mine ne pourra descendre visiter les travaux, sans la permission de l'ingénieur, qui l'accompagnera ou la fera accompagner par un gouverneur ou un sous-gouverneur.

Pour la région de Rive-de-Gier, il n'y a pas à proprement parler, en dehors des arrêtés préfectoraux précédemment cités, de règlements intérieurs ni d'ordres de service, mais seulement de simples consignes que les directeurs des travaux ont parfois fait inscrire sur le registre d'avancement des travaux. Ces consignes ne méritent pas une mention spéciale.

DISPOSITIONS A ADOPTER DANS DE NOUVEAUX RÈGLEMENTS.

Suivant l'avis émis par la commmission du grisou, il y aurait lieu de rendre obligatoire pour les exploitants la présentation, dans un délai déterminé, de ces règlements particuliers ou règlements intérieurs, que l'instruction ministérielle de 1872 recom-

---

(*) Seulement la lampe désignée est simplement la lampe de Davy (il s'agit d'un règlement déjà ancien). Pour les lampes éteintes, les ouvriers doivent prévenir le gouverneur, seul porteur de clef pour les ouvrir et permettre de les rallumer.

mandait simplement de provoquer, cette mesure ne préjudiciant point, d'ailleurs, comme il est toujours entendu, au droit que les préfets ont de prendre eux-mêmes des arrêtés dans l'intérêt de la sûreté. Ces arrêtés, qui doivent se borner à des énonciations générales, enjoindraient aux exploitants de présenter leurs projets de règlements particuliers, en leur assignant le délai dont il vient d'être question.

Mais il est nécessaire, remarquons-le, que les prescriptions préfectorales et les règlements particuliers des différentes mines comprennent, comme les règlements étrangers, toutes les mesures qu'exige la sûreté de l'exploitation, celles qui concernent le grisou ne devant former que des chapitres spéciaux dans ces règlements. Il ne faut pas oublier qu'en dehors de ces grandes catastrophes d'explosions générales qui font tout à coup un grand nombre de victimes, mais qui heureusement sont rares chez nous, le grisou est loin d'être la cause la plus fréquente d'accidents occasionnant des morts ou des blessures; qu'il n'est même pas la seule cause de grandes catastrophes. On ne peut oublier les inondations de Beaubrun, de Lalle et autres, sans parler de ces accidents de manœuvres, de rupture d'engins, etc., qui font aussi trop souvent nombre de victimes à la fois. L'emploi récent de nouveaux composés explosifs, tels que la dynamite, demande lui-même des mesures spéciales contre les dangers spéciaux qu'ils présentent dans les mines ordinaires aussi bien que dans les mines à grisou et, pour ces dernières, plus particulièrement encore, il faut prévoir des précautions qui manquent dans les règlements que nous avons examinés (on ne s'y occupait que du tirage à la poudre).

Les règlements généraux et particuliers devant ainsi embrasser tous les services et détails de l'exploitation, on aurait à y faire entrer, suivant les besoins de chaque mine, les dispositions dont l'expérience a constaté l'utilité et qui figurent déjà dans maints règlements intérieurs, avec celles que les enquêtes les plus récentes peuvent recommander, par exemple : en ce qui concerne les câbles, les guidages, les parachutes, l'organisation du service des plans inclinés et de la traction mécanique en général, etc. Dans la partie qui se rapporte spécialement au danger du grisou, on aurait à introduire, en même temps que les dispositions que l'expérience a également précédemment consacrées, celles que recommanderait la commission du grisou d'après les dernières études (*)

____

(*) C'est ainsi qu'au point de vue du danger des poussières de charbon, dont

Il doit être entendu que, comme en Angleterre, les règlements particuliers ou intérieurs seraient sujets à revision sur l'initiative des exploitants, ou sur la demande des préfets, qui restent toujours maîtres, de leur côté, de prescrire directement de nouvelles mesures, les exploitants entendus.

Ce qu'il faut, en un mot, pour ce qui concerne particulièrement le grisou, c'est que l'on complète, par l'addition des mesures que la commission du grisou aura reconnues nécessaires ou utiles, le programme que donnait l'instruction ministérielle de 1872, programme qui reproduisait, on peut le remarquer, les principales dispositions adoptées jusqu'ici. On pourrait dresser, d'après les règlements en vigueur considérés comme les meilleurs, en les complétant suivant ces principes, une énumération complète de prescriptions et recommandations, dans laquelle l'administration et les exploitants seraient à même de puiser les dispositions applicables aux diverses mines, en les y appropriant.

M. Burat a présenté à la commission une note sur cette réglementation particulière ou intérieure des mines à grisou, en ce qui concerne spécialement l'éclairage et le tirage à la poudre. Cette note ayant donné lieu à quelques observations de notre part, il a un peu modifié les termes de certaines prescriptions ou prohibitions relatives au tirage à la poudre, primitivement proposées par lui. Nous donnons ici le texte des propositions auxquelles il s'est arrêté.

Note de M. Burat sur la réglementation de l'éclairage et du tirage à la poudre dans les mines à grisou.

« Dans les conditions actuelles de la science et de la pratique des mines, les précautions relatives à l'éclairage et à l'aérage, ainsi que celles qui concernent l'emploi de la poudre, peuvent suffire pour préserver des accidents attribués au grisou. La difficulté principale est d'obtenir du personnel l'observation stricte et continue de ces précautions.

« C'est principalement des ouvriers qu'il est difficile d'obtenir

on n'a commencé à s'occuper très sérieusement que depuis peu de temps, il pourrait y avoir à prévoir l'observation de l'état hygrométrique des divers ouvrages souterrains en même temps que celle des circonstances de l'aérage, et les mesures nécessaires pour assurer une humidité convenable sur les points qui sont sujets à ce danger, principalement dans le tirage à la poudre, sans préjudice des précautions à prendre pour ce tirage.

une soumission absolue aux règlements prescrits; presque toujours, après un accident grave résultant de l'inflammation du grisou ou des poussières, on a trouvé sur un certain nombre de victimes, des allumettes, du tabac, de la poudre, des outils pour
ouvrir les lampes de sûreté, et dans certains cas des lampes
ouvertes. Plusieurs fois on a pu constater que des coups de mine
avaient été tirés sur des points dangereux, malgré la défense expresse des chefs.

« Ces résistances aux précautions prescrites résultent, en grande
partie, de ce que l'on impose des règlements uniformes dans toutes
les parties d'une mine, lorsqu'il n'y a pas plus de deux ou trois
chantiers où les précautions prescrites soient motivées. Les ouvriers, gênés par ces précautions qu'ils savent inutiles, cherchent
tous les moyens pour les éluder, et leur exemple entraîne ceux qui
sont placés dans les chantiers dangereux.

« Comme preuve de l'efficacité des précautions qui peuvent être
prises dans des chantiers grisouteux, nous citerons l'exécution
récente d'une galerie à Montceau-les-Mines, dans des alternances
de grès et de schistes charbonneux qui émettaient une grande
quantité de grisou. Cette galerie a été percée en 1877-1878, sous
la direction de M. Mathet, ingénieur en chef des mines de Blanzy,
par M. Leclaire, ingénieur chargé du service de la perforation
mécanique. Le grisou s'y dégageait d'une manière générale d'alternances de schistes charbonneux et principalement par une série
de soufflards ; la galerie était aérée par un tuyau adducteur d'air
et par l'action d'un Kœrting à air comprimé. A ce moyen de ventilation continue s'ajoutait l'air comprimé débité pendant le travail par les perforatrices ; la conduite générale de l'air comprimé
permettait en outre de purger les cloches et les anfractuosités
des plafonds par des injections directes au moyen de tuyaux en
caoutchouc.

« La lampe Mueseler-Dubrulle était seule employée pour l'éclairage. Enfin les trous de mine percés sur les fronts d'attaque
étaient allumés par volées successives, après le départ de tous les
ouvriers, au moyen d'un appareil électrique placé à un étage supérieur.

« Sous la protection de ces précautions : aérage continu suffisant pour diluer et entraîner les gaz, air comprimé pour purger les
cloches, lampes Mueseler, allumage des mines par l'électricité, la
galerie fut exécutée sans le moindre accident et sans qu'il se soit
produit aucune explosion par l'allumage des mines, malgré un
dégagement abondant de grisou.

Dans le régime habituel de l'exploitation, on n'eût jamais admis un travail dans de pareilles conditions ; dans le cas particulier, il y avait nécessité pour assurer la ventilation d'un nouvel étage.

« Cet exemple, auquel on pourrait en joindre beaucoup d'autres, prouve que l'observation attentive des précautions prescrites peut suffire pour éviter les accidents par le grisou. La science n'a pu trouver encore aucun moyen pour décomposer et neutraliser le grisou ; il faut donc l'entraîner au dehors par une ventilation suffisante, et les ventilateurs en usage répondent à toutes les conditions désirables d'aérage. Sous ce rapport la commission du grisou ne peut que recommander l'établissement de la ventilation mécanique pour les mines sujettes au grisou.

« Les expériences faites devant la commission sur les diverses lampes de sûreté actuellement en usage ont mis en évidence la supériorité du système Mueseler. Ce système nous paraît devoir être prescrit toutes les fois que le grisou aura été constaté dans un chantier. Les objections qui ont été produites doivent être prises en considération pour les voies d'entrée d'air qui précèdent les chantiers grisouteux, et pour les chantiers qui ne donnent lieu à aucun dégagement ; dans ces derniers cas la lampe Davy présente évidemment des garanties suffisantes. •

« Le danger qui subsistera toujours, malgré les garanties de sécurité résultant de la ventilation et de l'éclairage, c'est la solidarité qui existe entre les ouvriers qui se conforment aux règlements et les indisciplinés porteurs d'allumettes, toujours en opposition contre ces règlements, et qui ont été, le plus souvent, cause des désastres qui se sont produits.

« Pour qu'un règlement soit respecté, il ne faut pas qu'il soumette aux mêmes exigences toutes les parties d'une mine, de telle sorte que, pour la majorité des ouvriers, l'inutilité de ces exigences soit en quelque sorte évidente.

« Les précautions de sûreté seront observées beaucoup plus exactement lorsqu'elles seront localisées et proportionnées aux dangers qui peuvent se produire. Les ouvriers comprendront alors qu'elles sont basées sur l'étude des conditions différentes que présentent les divers quartiers de la mine.

« Enfin il est nécessaire que les règlements d'une mine aient, aux yeux des ouvriers, un caractère évident de légalité, et qu'ils ne résultent pas uniquement de la fantaisie de leurs chefs immédiats, dont ils sont habitués à contester souvent l'autorité.

« Un règlement spécial devrait donc être étudié pour chaque mine sujette au grisou, et contresigné par l'autorité administrative. Ce règlement pourrait être rédigé d'après les bases suivantes, en ce qui concerne l'éclairage et l'emploi de la poudre :

« Dans toute mine sujette au grisou, un ouvrier spécial, dit *chercheur de grisou*, aura pour fonction de chercher et signaler le grisou partout où il peut se produire. Un journal spécial constatera les observations faites à ce sujet.

« Les précautions prescrites pour l'éclairage seront proportionnées aux dangers qui peuvent exister dans les divers quartiers de la mine.

« Pour les voies de roulage, qui seront en même temps les voies d'entrée du courant d'air, la lampe Davy, avec ses dimensions réglementaires, sera suffisante, on pourra également employer le système Boty.

« Ces lampes seront également suffisantes pour les chantiers d'abatage où la présence du grisou n'aura pas été constatée.

« La lampe Mueseler sera employée dans tout chantier ou taille dans lesquels on aura constaté la présence du grisou, ainsi que dans toute galerie de retour d'air à partir de ces chantiers ou tailles. Toute lampe dont les garanties de sécurité auront été jugées équivalentes à celles du système Mueseler sera également autorisée.

« Il est expressément défendu d'introduire et de faire usage d'allumettes ou de briquets dans les mines sujettes au grisou. Il est également défendu d'ouvrir les lampe de sûreté en forçant les moyens de fermeture. Toute lampe éteinte doit être portée dans un endroit spécialement désigné, où elle sera rallumée par un ouvrier préposé à ce service.

« L'emploi de la poudre sera soumis à une réglementation indiquant une série de précautions proportionnées aux dangers qui peuvent résulter du grisou ou des poussières.

« Dans les voies et quartiers qui servent à l'entrée des courants d'aérage et précèdent les chantiers ou tailles sujettes au grisou, la poudre ou la dynamite pourront être employées. Cependant les trous de mine faits par les mineurs seront chargés et allumés par des ouvriers spéciaux préposés au sautage et habitués à vérifier l'état de l'atmosphère.

« Dans les chantiers d'abatage ou tailles où la présence du grisou aura été constatée, on ne pourra allumer des coups de mine qu'après le poste, tout le personnel étant sorti. L'allumage devra être fait par l'électricité, l'appareil électrique étant placé à une distance telle que les ouvriers qui le manœuvrent soient à l'abri de tout danger,

« Lorsque les charbons exploités donneront lieu à des poussières fines et facilement inflammables, les chantiers devront être arrosés tous les huit jours, les poussières, enlevées ou abattues sur les voies maintenues humides, les pulvérins adhérents sur les parois et les boisages, balayés par des projections d'eau. »

L'approbation administrative, à laquelle M. Burat demande que les règlements intérieurs ou particuliers de mines soient soumis, est une mesure que nous avons vue fréquemment appliquée. Nous l'avons trouvée dans les régimes étrangers; elle est prévue par la législation anglaise même, et nous avons cité nombre de règlements particuliers homologués en Prusse. Chez nous, elle a été recommandée expressément par l'instruction ministérielle du 6 décembre 1872, et nous avons eu également à en citer plus d'une application dans divers départements. Aux motifs invoqués par M. Burat, qui ne parle que du caractère de légalité que cette approbation peut imprimer aux règlements, aux yeux des ouvriers, il faut ajouter ceux qu'indique l'instruction de 1872, et que nous avons rappelés précédemment : la sanction pénale que ces règlements acquièrent, même en l'absence d'accidents de personnes, point très important à cause du retentissement, salutaire pour l'exemple, qu'ont les punitions judiciaires. On a toute raison de la rendre obligatoire.

Nous avons vu aussi des exemples nombreux de l'application du principe de localisation des prescriptions, en les proportionnant aux dangers. Nous avons vu distinguer les quartiers plus ou moins dangereux soumis à des mesures déterminées de précaution. Ces quartiers sont désignés par des inscriptions; les abords en sont interceptés par des portes, des barrières, quand ils ne sont pas interdits d'une manière absolue par des barrages. Mais il importe qu'en l'absence d'obstacles effectifs, des surveillants spéciaux à demeure empêchent les imprudents d'y pénétrer sans l'observation rigoureuse des précautions prescrites, d'y pénétrer, par exemple, avec des lampes ordinaires, etc.

En vertu de ce principe, M. Burat admet, pour l'éclairage, que la lampe Davy, avec ses dimensions réglementaires, soit, ainsi que la lampe Boty, considérée comme suffisante dans les voies de roulage qui sont en même temps les voies d'entrée du courant d'air et dans les chantiers d'abatage où la présence du grisou n'aurait pas été constatée, la lampe Mueseler ou toute autre lampe présentant des garanties équivalentes devant, au contraire, être employée dans les tailles où l'on aurait reconnu du gaz, ainsi que dans toute galerie de retour d'air. Nous avons pu remarquer, particulièrement en Angleterre, certaines distinctions de ce genre dans l'emploi des divers types de lampes; seulement ces distinctions manquent de précision. Nous avions eu nous-même précédemment l'occasion de proposer qu'au lieu de rendre obligatoire, d'une manière générale et absolue, un système déterminé de lampes, on prenne en considération les conditions dans lesquelles se trouvent les différentes mines ou les différentes parties d'une même mine (*).

La commission aura à se prononcer sur les divers types de lampes, sur les circonstances de leur emploi. Les règles relatives à l'éclairage devront être définitivement formulées en conséquence; elles ne doivent être que l'application de mesures reconnues nécessaires ou utiles après un mûr examen (**). Les prescriptions générales qui devraient être adressées aux exploitants d'après ces règles ressortiraient à l'autorité préfectorale, suivant la législation française, à moins que ces exploitants ne prissent l'initiative de mesures conformes aux résolutions adoptées, en les introduisant dans leurs propositions de règlements intérieurs.

Pour le sautage des mines, M. Burat distingue les voies et quartiers qui servent à l'entrée des courants d'aérage et précèdent les tailles ou chantiers sujets au grisou, de ces tailles ou chantiers eux-mêmes.

Sur les premiers points, le tirage à la poudre ou à la dynamite

---

(*) On a naturellement à tenir compte de l'état de l'atmosphère souterraine, non seulement sous le rapport de sa composition, des éléments explosibles qu'elle peut contenir, mais aussi sous celui de ses mouvements, des vitesses normales des courants ou des vitesses qu'ils sont susceptibles de présenter accidentellement. Les éventualités sous ce dernier rapport, — et il faut considérer des vitesses relatives, — donnent une importance d'autant plus grande à la simple présence des éléments explosibles.

(**) Il est bien désirable que l'on réussisse dans les essais tentés pour obtenir des lampes Mueseler modifiées, donnant des garanties de sécurité semblables, mais n'ayant pas les inconvénients que celles du type normal présentent dans leur maniement : celui de s'éteindre dans certaines circonstances complètement étrangères à la présence du grisou, comme dans une atmosphère explosible. O ferait disparaître les objections trop souvent opposées à leur emploi. Il faut, d'ailleurs, toujours compter avec l'imprudence habituelle des ouvriers, qui, attribuant à des circonstances de ce genre l'extinction de leur lampe, pourraient chercher à les rallumer sur place, au lieu de les porter aux stations de rallumage, alors que, due réellement au grisou, cette extinction imposerait, au contraire, les plus grandes précautions. Cette imprudence habituelle des ouvriers donne, dans tous les cas, pour toute espèce de lampes, une grande importance à l'invention de modes de fermeture absolument sûrs, qui rendent en quelque sorte superflues les défenses de porter dans la mine des clefs, etc.

serait simplement soumis à la condition de confier le chargement et l'allumage des coups de mine à des ouvriers spéciaux habitués à vérifier l'état de l'atmosphère. Dans les tailles ou chantiers d'abatage où la présence du grisou aurait été constatée, es coups ne pourraient être allumés qu'après le poste et à distance, au moyen de l'électricité. Des mesures sont, en outre, prévues contre le danger des poussières charbonneuses.

Il n'y a pas lieu, en effet, nous sommes tombés d'accord sur ce point, d'interdire d'une manière absolue l'emploi de la poudre et de la dynamite dans les travaux sujets au grisou. Ce qui est indispensable, c'est qu'il ne puisse avoir lieu à moins d'une constatation préalable de l'absence de tout danger. Nous avons vu dans maints règlements une organisation de service de boutefeu prévue à cet effet. Il faut qu'une vérification scrupuleuse du chantier et de tout le quartier avoisinant soit faite immédiatement avant l'allumage, vérification à renouveler après chaque coup de mine, lorsque les coups se succèdent même à de courts intervalles, comme dans le cas où l'on recharge un trou dont la mine est partie sans produire d'effet. On peut être aussi sévère qu'on voudra au sujet des conditions de l'atmosphère souterraine. Les moyens de vérification qu'on a aujourd'hui, avec le grisoumètre et avec le système de lampes disposées de manière à accuser des proportions de grisou incomparablement inférieures à celles qu'accusent les lampes de sûreté ordinaires, sont susceptibles de donner toutes les garanties désirables, si l'on y ajoute les mesures propres à prévenir le danger des poussières charbonneuses, ainsi que l'indique M. Burat et, on peut le rappeler, ainsi que l'a recommandé l'instruction de 1872 en citant ce qui se pratiquait déjà dans quelques mines de notre pays, ainsi enfin que le prévoient, depuis, plusieurs de nos règlements particuliers.

Il conviendra donc de constater l'état hygrométrique de l'atmosphère des chantiers où doit se faire le tirage; on devra recourir aux arrosages, aux projections d'eau à l'état liquide, pulvérisée autant que possible, ou à l'état de vapeur, pour abattre la poussière la plus ténue.

Nous n'avons pas besoin de dire que ce danger des poussières charbonneuses doit être combattu d'une manière constante, avec redoublement de précautions lors du tirage des coups de mines. Peu importe, d'ailleurs, la nature exacte de ce danger, sur laquelle on a discuté plus d'une fois; peu importe que les poussières puissent par elles-mêmes produire des explosions tout à fait semblables à celles du grisou, ou que le mélange d'une certaine quantité de gaz soit nécessaire pour les rendre véritablement explosibles. Il est incontestable qu'à elles seules elles donnent lieu à des inflammations se rapprochant plus ou moins des explosions de gaz (*). Elles pourraient ainsi au moins porter à distance le feu à des amas essentiellement explosifs, si elles étaient allumées par des coups de mine, de même qu'elles peuvent concourir à propager des accidents de grisou proprement dit.

Quant à l'allumage au moyen de l'électricité, nous croyons qu'il ne doit pas faire l'objet de prescriptions absolues. Cette mesure, qui peut parfois présenter des difficultés d'application, ne serait pas, du reste, un moyen préventif assuré contre tout accident. Si les chantiers où s'opère le tirage ne sont pas complètement exempts de danger, ainsi que tout le quartier avoisinant, l'inflammation qui pourrait s'y produire serait susceptible de se propager jusqu'au point même où les mineurs se croient à l'abri, sinon de donner lieu à des catastrophes générales. Il faut toujours se défier des imprudences et prendre garde que l'allumage à distance, inspirant une confiance trop grande aux ouvriers, ne leur fasse négliger la vérification minutieuse des chantiers. Cette vérification est le point essentiel; le tirage ne doit avoir lieu, on ne saurait trop le répéter, qu'en l'absence constatée de tout danger. Ce n'est que dans des cas exceptionnels, pour des travaux qu'exigerait la sûreté même de la mine, qu'on pourrait admettre l'emploi de la poudre ou de la dynamite, malgré la possibilité de la présence d'une certaine quantité de gaz à proximité du point où se fait cet emploi, sous la réserve des précautions spéciales d'allumage à distance par l'électricité lorsque les ouvriers sont sortis de la mine (**).

(*) Il est aisé de comprendre qu'un simple mélange d'air et de poussières charbonneuses, quel que soit l'état de ténuité de ces poussières, puisse différer notablement du grisou, comme composé explosible. Indépendamment de la différence de combustibilité du charbon et du grisou, indépendamment aussi de la différence des quantités de chaleur dégagées dans leur combustion, on n'a pas, dans un mélange pareil, la continuité que présentent les mélanges gazeux : les particules combustibles restent toujours à des distances relativement considérables; mais une addition de gaz, même en très faible proportion, peut changer beaucoup les conditions de la combustion. Tous les mélanges de charbon et d'azotate de potasse ne constitueraient point des poudres; une certaine quantité de soufre est nécessaire pour les compléter, en modifiant ainsi la combustion. Ajouté en proportion suffisante au mélange d'air et de poussières charbonneuses, le gaz aura un effet d'autant plus puissant qu'il pourra déterminer un entraînement analogue à celui qui résulte de l'introduction des explosifs à détonation rapide dans les mélanges à inflammation plus lente.

(**) Le travail de Montceau-les-Mines, cité par M. Burat, rentrait dans ce

L'aérage, dont M. Burat ne s'est occupé qu'en passant, dans sa note, pour signaler la nécessité d'une énergique ventilation et recommander la ventilation mécanique, l'aérage doit, avec la surveillance générale de la mine au point de vue du grisou, ainsi que le montrent les divers exemples que nous avons donnés, figurer aux premiers rangs dans la réglementation. Il doit être l'objet de dispositions minutieuses, soit en ce qui concerne les moyens mêmes de ventilation, destinés à assurer à la mine un volume d'air suffisant, soit en ce qui concerne la distribution de cet air à l'intérieur et tous les détails de l'assainissement des divers ouvrages(*).

L'organisation de l'aérage ressortit à la direction supérieure de la mine; mais les divers agents de l'exploitation, les chefs ouvriers et les ouvriers, ont à remplir des devoirs spéciaux qui doivent être définis d'une manière précise, comme nous l'avons vu dans divers règlements français ou étrangers.

Il faut prévoir la tenue régulière de plans d'aérage portant tous les détails de la marche des courants; des jaugeages périodiques soignés sur des points déterminés des courants principaux; des observations anémométriques plus sommaires à certains points de répartition de ces courants, au moyen d'instruments simples et susceptibles d'être mis entre les mains des chefs ouvriers et surveillants, donnant au moins des évaluations approximatives (**); des observations thermométriques et barométriques à la surface

---

cas. Nous ne parlons pas, d'ailleurs, du tirage dans les foncements de puits, et dans les grands percements, où l'allumage par l'électricité rend de très grands services.

(*) Il s'agit ici de la répartition des courants entre les divers quartiers; des mesures à prendre pour rendre ces courants ascensionnels, particulièrement dans les régions où se produisent des dégagements de grisou, pour porter directement l'air pur vers les chantiers à aérer sans déperdition dans les vieux travaux, pour chasser efficacement le grisou, grâce, d'une part, à l'état des parois des ouvrages, en évitant les anfractuosités où il pourrait rester confiné et, d'autre part, aux dispositions propres à en assurer l'entraînement. On sait que cet entraînement ne s'effectue pas toujours facilement. Il faut tantôt porter le courant contre les parois du chantier pour balayer le gaz, tantôt provoquer le mélange du gaz avec l'air par une sorte de brassage, en déterminant des remous dans le courant. Il convient que les règlements ou ordres de service intérieurs contiennent des instructions suffisantes sur tous ces points.

(**) Ces instruments, tels que les pendules, peuvent être gradués en indications anémométriques, par une comparaison préalable avec un anémomètre. On peut aussi employer des appareils avertisseurs, comme il en a été proposé, mettant en jeu une sonnerie électrique, soit que cette sonnerie commence à marcher, soit qu'elle cesse au contraire de se faire entendre lorsque la vitesse du courant d'air descend au-dessous d'une limite donnée.

et à l'intérieur des travaux ; certaines observations psychrométriques en vue des dangers des poussières charbonneuses, avec les
arrosages périodiques ou autres mesures du même genre destinées
à combattre ce danger, sans préjudice des vérifications spéciales à
faire et des dispositions à prendre au besoin lors de l'emploi de la
poudre ou de la dynamite, suivant ce qui a été expliqué précédemment (*).

Dans ce chapitre de l'aérage et de la surveillance générale de la
mine, au point de vue du grisou, doivent encore figurer les prescriptions et instructions relatives à la visite ordinaire des divers
ouvrages souterrains avant l'entrée des ouvriers et pendant la
durée du travail ; à la désignation des quartiers dangereux ou
comportant des mesures spéciales; à celles des stations de rallumage des lampes de sûreté; au service des portes d'aérage, etc.,
comme aussi les différentes prohibitions, telles que celle d'entrer
dans les quartiers désignés comme quartiers à grisou avec d'autres
lampes que les lampes de sûreté expressément admises ; de porter
dans la mine des allumettes, des pipes, du tabac, des clefs ou autres instruments pouvant servir à ouvrir les lampes, etc.

Toutes les mesures destinées à prévenir les accidents se trouve-
ront naturellement réparties dans ces trois chapitres : *Aérage et
surveillance générale de la mine, Éclairage, Emploi de la poudre
ou autres composés explosifs.* Mais il faut encore prévoir, comme
l'a expressément recommandé avec toute raison l'instruction de
1872, les mesures à prendre pour les sauvetages.

Quelles que soient, en effet, les dispositions adoptées, on ne le
sait que trop, des accidents peuvent se produire par suite d'infraction aux prescriptions établies, de négligences, d'imprudences
et même par des causes fortuites. Il faut que des secours puissent
être immédiatement portés aux victimes, et que l'on prévienne les
nouveaux accidents qui peuvent être la conséquence d'une explosion. L'aérage doit être rétabli aussitôt que possible, et des instructions précises doivent indiquer au personnel les mesures à
prendre à cet effet ; mais ces mesures demandent un certain temps
et il faut arriver sans délai auprès des ouvriers blessés ou asphyxiés,
et de ceux qui sont exposés à l'asphyxie; il faut pouvoir pénétrer
dans des milieux irrespirables, même pour rétablir l'aérage et re-

---

(*) Nous avons vu dans les différents règlements cités des exemples des observations de température et de pression ; aucun, au contraire, jusqu'à présent,
ne mentionne des observations hygrométriques, bien qu'il en ait été fait en
Angleterre par M. Galloway, à la suite d'accidents, pour rechercher le rôle
qu'avaient pu jouer les poussières charbonneuses.

médier aux accidents matériels. A cet effet, l'instruction de 1872, comme celle de 1824, a recommandé aux exploitants d'avoir sur la mine des appareils respiratoires de sauvetage tenus constamment prêts à fonctionner.

Mais nous avons pu remarquer que les règlements étrangers sont tous muets sur les sauvetages, et qu'en France, le règlement de Blanzy, seul, contient une disposition spéciale à ce point de vue. Cette disposition, portée à l'article 13 (chapitre de l'aérage), se borne à prescrire que chaque mine à grisou soit pourvue de deux appareils respiratoires de sauvetage, et que des ouvriers de bonne volonté soient exercés à s'en servir (*). Aussi l'administratiun a-t-elle eu à adresser à certains exploitants des recommandations particulières (nous en avons cité un exemple). Beaucoup de mines possèdent aujourd'hui des appareils de sauvetage plus ou moins complets. Il est nécessaire que les règlements ou ordres de services intérieurs contiennent toujours des dispositions détaillées au sujet de ces appareils : des instructions pour leur emploi dans les accidents, pour leur entretien de manière qu'ils soient tenus toujours prêts à fonctionner, enfin pour les exercices périodiques destinés à habituer les ouvriers à s'en servir (**).

(*) Il existe aussi à Commentry, sous le titre : « Travail dans les gaz », une instruction ou ordre de service pour l'emploi des appareils respiratoires du système Fayol-Denayrouse, comprenant le tube simple, qui puise librement l'air pur dans l'atmosphère de la mine à une faible distance du point méphitisé, le réservoir portatif et le tube à courant d'air forcé, fourni par une pompe ; cette instruction, dont la dernière rédaction ne date, du reste, que de février 1879, n'a pas été citée précédemment parce qu'elle ne se rapporte pas à une mine à grisou. Elle a pour objet les travaux destinés à combattre les incendies spontanés, les travaux d'établissement de barrages, et l'application des appareils dont il s'agit a été précieuse dans plus d'un accident de ce genre. On peut citer deux incendies récents, qui menaçaient de prendre de vastes proportions, arrêtés avec le plus grand succès. Il est évident que cette application particulière présente une véritable analogie avec celle qui serait faite au sauvetage après une explosion de grisou. Il y a aussi à pénétrer dans des milieux irrespirables pour rechercher des blessés ou des asphyxiés, pour rétablir des barrages, rouvrir des communications, etc. De plus, des coups de grisou peuvent allumer des incendies souterrains auxquels il faut remédier immédiatement, comme aux incendies spontanés, et ces derniers, de leur côté, son susceptibles de donner lieu à des explosions de gaz, même dans une mine dépourvue de grisou ; des précautions spéciales doivent être prises dans la fermeture des barrages, pour prévenir les explosions que peuvent produire les gaz résultant de la distillation de la houille, la mine de Commentry peut être citée à ce sujet.

(**) L'instruction de Commentry distingue l'application des divers appareils. Le tube simple est indiqué pour de très petites distances : 50 à 100 mètres au plus, et lorsqu'on n'a pas besoin de lumière avec soi.

Les peines disciplinaires intérieures, amendes, renvois, etc.; seraient l'objet d'un dernier chapitre spécial, ayant pour titre : *Punitions*; mais ces peines doivent être laissées en dehors de l'approbation de l'administration, qui n'a pas à s'en occuper. Il faut seulement qu'il soit spécifié qu'elles seront appliquées sans préjudice des poursuites correctionnelles qui seraient jugées nécessaires.

Ces poursuites peuvent être provoquées par les exploitants eux-mêmes d'après le témoignage des agents de l'exploitation, ou par les ingénieurs des mines et gardes-mines, d'après les mêmes témoignages, lorsque ceux-ci ne sont pas en mesure de constater eux-mêmes la contravention. Pour des exploitations importantes, il pourrait être utile, comme nous l'avons rappelé en citant l'exemple du règlement belge et du règlement de Beaubrun, dans la Loire, d'instituer des gardes assermentés.

A côté du règlement d'ensemble, contenant les prescriptions générales, il conviendra, suivant ce qu'indique encore l'instruction de 1872, de dresser, pour les diverses catégories d'agents ou d'ouvriers, des règlements particuliers ou ordres de service spéciaux

---

Le réservoir portatif ordinaire s'emploie pour des distances un peu plus grandes, mais n'excédant pas 150 mètres, lorsqu'il s'agit de pénétrer dans une galerie non obstruée et pour exécuter un travail sans durée, comme l'ouverture ou la fermeture d'une porte, pour emporter un homme asphyxié, etc. Il sert aussi aux éclaireurs, lorsque la dimension des galeries le permet, pour transmettre des ordres, approcher des matériaux, etc.

Pour un séjour de longue durée, il est nécessaire d'avoir recours aux appareils à courant d'air forcé. L'emploi des tubes alimentés par une pompe pourrait, pour de très grandes distances et dans certaines conditions de parcours des ouvrages souterrains, devenir difficile ; il faudrait alors recourir aux réservoirs portatifs à air comprimé, tels que les appareils plongeurs du système Denayrouze.

Tous les appareils respiratoires à courant d'air forcé peuvent entretenir une lampe, et cette lampe peut être disposée de manière à être portée dans une atmosphère grisouteuse avec autant de sécurité que la lampe Mueseler, et sans avoir l'inconvénient de s'éteindre comme celle-ci. On pourrait donc, après un coup de grisou qui n'aurait pas été général, pénétrer au moyen de ces appareils dans des quartiers de la mine contenant encore des mélanges explosifs, qui exigeraient des mesures spéciales, avec un travail d'une certaine durée. C'est une application qui peut être prévue dans les ordres de service relatifs aux sauvetages.

On remarquera que, par la même raison, ils pourraient être employés, en dehors des cas d'accidents, pour la visite de certains ouvrages grisouteux, où les lampes de sûreté ordinaires s'éteindraient et où il serait nécessaire cependant de stationner avec des lumières pour prendre des dispositions réclamées par la sûreté de la mine. Ces appareils pourraient donc aussi servir à la surveillance générale, et il serait bon de le spécifier dans la partie des règlements intérieurs, ordres de service ou instructions relatives à cette surveillance générale.

reproduisant, en les développant au besoin, les prescriptions du règlement d'ensemble afin de tracer les obligations ou devoirs de chacun, avec des instructions détaillées sur certains points, par exemple : sur le modé de distribution et vérification des lampes de sûreté, pour les lampistes ; sur le maniement de ces lampes, pour les ouvriers.

Nous avons trouvé, dans les exemples que nous avons donnés, nombre de règlements divisés directement en chapitres relatifs aux devoirs des divers agents et ouvriers. Dans ce cas, chaque chapitre doit naturellement se subdiviser d'une manière analogue à celle que nous venons d'indiquer, en considérant successivement, suivant les catégories à laquelle il s'applique, ce qui se rapporte à l'aérage et à la surveillance générale, aux lampes de sûreté, au tirage des mines. On choisira telle forme qu'on voudra ; mais la première nous paraît préférable pour bien établir tout d'abord, dans leur ensemble, les règles générales auxquelles la mine doit être soumise. Ce serait celle qu'il faudrait nécessairement adopter pour des règlements administratifs, comme les arrêtés préfectoraux, qui doivent se borner à tracer ces règles générales et, dans le cas où de pareils règlements administratifs seraient intervenus, les règlements intérieurs pourraient naturellement se diviser en ordres de service ou règlements particuliers par catégories d'agents ou ouvriers.